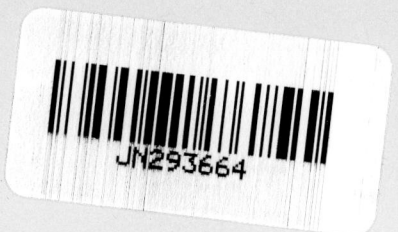

絵手紙
花のことば集

300種の花と2000語句、絵手紙500

大森節子・浅沼明次 編

日貿出版社

まえがき

絵手紙は、自分の感じたことを自分の言葉で書ける喜びがあります。お手本がないので、気楽にかけるおもしろさがあります。自分だけのものですから、自分流を作っていく楽しみもあります。私は子供の頃から文や言葉を作るのは不得意でした。それなのに、ヘタでいいんだと言われた途端、言葉が出てくるようになったのです。格好をつけたり、飾ったりする必要のない自分の言葉には自由があります。心の自由を求め続けた私は、思うままの言葉を書くことで少しずつ自分が開放されていくのを感じています。長い文章を書くのなら大変ですが、絵に添える短い文ですから気軽に出来ます。

花は昔から好きでしたが、ただ単に美しいなとか、珍しいなとかぐらいのものでした。けれども花を描くようになると、じっと見つめるようになりました。その花の持っている持ち味を味わいながら、事細かく観察するようになりました。色の美しさ、花びらのつき方、香り、葉のつき具合、又つぼみから開花までの様子などを鑑賞する楽しさは、心に充実感を与えてくれます。そしてそれぞれの花たちのけなげに咲く様は、愛らしく、いとおしく、私の心に安らぎをもたらしてくれます。心は満たされ、手は感動をもらって気持ちよく動き、言葉も出てくるようになりました。感じたままを素直に出せた時の満足感はたとえようもありません。何という思いもかけなかった小さな喜びのある日々がやってきたことかと、毎日描いています。

この度『絵手紙 花のことば集』を出版させて頂くことになりました。少しでもご参考になれば幸いです。

大森節子

絵手紙にとってことばは非常に貴重なだけに、ぼんやり通りすがっても造作なく拾えるといった浜の小石みたいなものではありません。それは作者が混沌とした世界から苦心を重ねて創り出してくるものです。だけど、絵の美しさに相応したことばを選択する力は万人に与えられているというわけではありません。苦心されたことばが作者の美しいメロディーとなって鑑賞者の心の耳に伝えられれば、大成功です。それには作者の知識や感受性や創造力が必要になってきます。

龍にひとみをいれたら、たちまち昇天したという画龍点睛という諺をご存じと思いますが、絵手紙のことばの作業はまさしくそれです。この場合、豊富なことばを内包していればいるほど、作品は効果的に仕上がるでしょう。

絵手紙は絵の余白に入ることばによって、他と区別されます。今では、絵手紙も一つのジャンルを築きましたので、一層の芸術性を確立すべく、私は添えることばについて深く検索を図るべきだと実感しました。多数の絵手紙の中から、素直に感動したことばを拾い読みしますと、漢字を平仮名に置き換えて情緒を醸し出したり、熟語を漢字と平仮名で二分するなど、非常に苦心された表現で語られていました。作者の人生体験から、素直な感情から発せられた言葉も新鮮ですが、より一層の知識や感受性や創造力を担う上に、この『ことば集』が糧となって役立っていただければ幸いだと存じます。

末筆に当たり、このような機会を与えて下さった大森節子さん、日貿出版社高戸寧編集部長に心より感謝申し上げます。

浅沼明次

目　次

目　次

目　　次

太字は絵手紙と語句で構成した項目で、それ以外は、語句が中心の構成となっています。

朝顔

花ことば 愛情の絆・はかない恋・結束

朝から元気な朝顔と対話する気持ちでかけば、すがすがしい気分になり、言葉も自然と湧いてきそう。

・朝一番の涼しい風、届いたかしら。

・朝だけが元気です。

・朝から元気をありがとう。

・朝一番に、数しらべ。ちょっと増えたかな。

・アッ！もう少しそのままでいてとあせっているうちに、
たちまちしぼんでしまった朝顔さんでした。

・いちばん早起き。

・犬と散歩の途中でしたが、それはもう見事な色彩でした。

・おはようと一番最初に朝顔さん。

・咲いていたのね。気づかなかった。忙しい朝。

・残暑、来る秋、そして又冬。

・どんなに早起きしても朝顔に負ける。スッキリした姿で咲いている。
これを見るだけでも朝の気分を味わえる。

石原美世子

石原冨美子

佐藤由美子

有森寿子

・早起きがたのしみ、今朝は何色かな。

・早起きしても苦になりません。

・早起きのごほうび。

・ホッとする朝。

・毎日、初対面の朝顔。でも知ってたみたい。

・毎日少しずつの成長が楽しみ。

・みずみずしい朝を彩り、夏に咲く。

・ベランダの鉢植えの朝顔です。可愛らしい。

・ラジオ体操の声が遠くから。

アザミ

花ことば 触れないで・独立・満足

野に咲くけなげなアザミを前にすると、自分の心も素直になってくる。
相手に響く言葉もすっと出てきそう。

・朝夕美しい虫の声が賑やかですね。雑草もぐーんと背がのびましたね。

・薊を見ていると、何故か和菓子を思い浮かべます。

・絵手紙はあざむくことを知らぬ。

・哀しい時、淋しいとき、いつもあなたを思い出す。

・季節のうつり変わりを肌で感じます。

・今日は晴天、家の中を五月の風が走りぬけていきます。

・元気だして、がんばれがんばれ。

・子雀がひとり立ちして食べにくる。あざみの花も二番花。

・この花が好きだから。

・初夏の女王。

・自分のことが好きですか。

・好きなことのある幸せ。

・大地に根をおろし、季節がくると自分で咲く野の花は、
小さいのに大きなエネルギーを送ってくれる。

・たすけあい、ささえあい、ともに泣き、ともに笑って。

・電話でおしゃべりも楽しいね。

・トゲの痛さも気にしない。

・野の花はなつかしい。

・梅雨に入る。

・風雨に耐えた堤防のノアザミは元気がいい。

・毎朝歩いています。

・山を歩く、新鮮な空気吸いながら。見いつけた。

秋の
山道
きせる
アザミ

キセルアザミ　杉本重子

野に
咲く
花に
魅せられ
足どり
かるく

金谷光子

天与の花を
咲かせよう
大きく
美しく

野アザミ　広瀬かおり

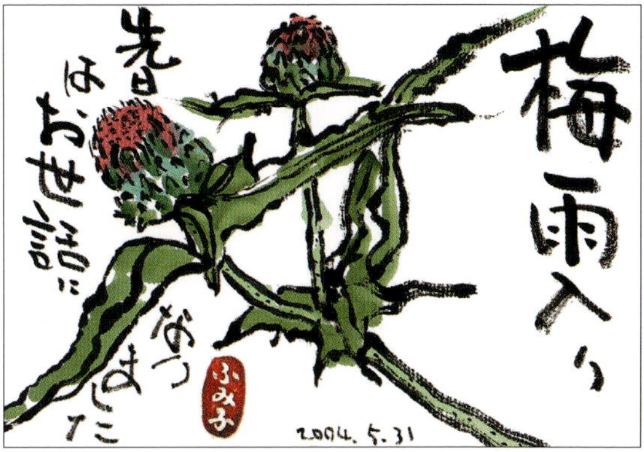
梅雨入り
春はお世話に
なりました
2004. 5. 31

田淵ふみ子

アジサイ

花ことば いばり屋・無情・辛抱強い愛情

アジサイは絵手紙人の好きな花。雨の中に輝く様はすてき！
その感動を言葉に。

・明けてゆく今朝の静けさに、生かされているよろこびを知る。
・アジサイ一輪テーブルに、心の中までしっとりとなり。
・あじさいさん、長いあいだたのしませてくれてありがとう。
梅雨もそろそろあけるかな。
・紫陽花の青色が雨にとけて紫に。
・あじさいは雨が好き。
・新しい傘、買ったよ。
・明日へ虹色紡いで。
・暑い梅雨入りいつ？
・雨上がり美しく。
・雨上がったけど、気分はいかがですか。
・雨上がり強く優しく美しく咲いている。
・雨を着て咲く紫陽花。
・雨がベストフレンド。
・雨となかよし。
・雨に打たれてひたむきに咲く。
あの色、この色、自分色、まさに七変化。
・雨にも負けず。
・雨によく似合うのネ。私の花。
・雨の寺にひっそりと。
・雨の七変化。
・雨の虹色。

本郷見左子

金光桂子

篠原貞子

光本英子

・雨のあとに見つけたアジサイ、近づく梅雨の足音。
・雨の日のなかよし、つゆもまたたのし。
・雨の日はやっぱりアジサイね。
・雨の日も、また楽し。
・雨はうたをうたったり、おはなしをしています。
・雨は平気さ、花がいっぱいだから。
・雨欲しい人、こまる人。
・雨、待っている。
・雨に濡れて、ますます輝いている。
・いつも前向き。くじけないあなた。
・色の七変化。
・後ろから見るのも、またいいね。
・うれしい想い。
・笑顔に元気がついてくる。
・お母さん、梅雨入りだそうよ。気温あがらないから風邪ひかないように気をつけてね。
・思い出はいつも大切に、今年もあじさいの花がきれいに咲きました。
・母さん、雨だよ、洗濯物大丈夫。
・今日は雨でも、明日は晴れる。
・今日は真夏日とか。
・苦労した事は思い出さない。楽しかった事は思い出すのがすき。
・心がなごみます。
・今年は雨が少ない梅雨のよう。
・サー、変身、このつぎの色はこれだ。
・支えきれないような大きな花が咲いた、やるだけのことはやった。あとはお任せしよう。

南　延子

・静かな雨の音がする。
・少しずつ開く瞬間をみたい。
・黙って咲き続ける。
・小さい花、小さなつぼみ、集まって大きな花となる。
・小さな庭に雨が降る。雨がうれしく、花もある。
・梅雨を楽しく。
・梅雨空のもとで美しく咲いています。
・梅雨到来、いよいよ花開く。
・梅雨の晴れ間に散歩したし、溜まった洗濯も済みました。
　久し振りのお日様ありがとう。
・梅雨は梅雨らしく、雨が降ってくればいいのに。
・どんなに雨が降っても、かえって美しい花を咲かせる花がある。
・虹色の夢をつむいで。

嶋田千鶴

三宅純子

近馬千代乃

古屋恵子

有森寿子

藤原正子

津谷多津子

- ・庭のあじさいが雨にぬれています。
- ・残り半分、わくわく。
- ・のんびりゆっくりあゆみたい。
- ・美人の化粧は七変化。
- ・七変化楽しむ候、私の中に変化願望むくむくと。
- ・早く梅雨あけないかなァ。
- ・晴れでも雨でも、どちらでも元気。
- ・人も好き好き、梅雨もすきすき。
- ・降っても晴れてもありがとう。
- ・毎日楽しみ多い人生にしたい。
- ・みんな仲良く和になって。
- ・やさしい人に逢えた雨の午後。
- ・山も街もあじさい色に染まる。

桃井裕子

吉岡光子

アイビー・ゼラニウム	・毎日描いている。たったそれだけのことなのに 心が開いてくる。不思議なほどに。
アオイ	・夏の花たちはみんな自己主張が強くて、たくましいです。
青文字	・その名前も青文字。くろもじと同じ。枝を削って爪楊枝に。
アオゾラフジ	・そのまま一房かざりにしたい。
アオツヅラフジ	・きものの柄のようだね。デザイナー気分だよ。
赤花大根草	・大根の花もこんなに美しく誇らしく咲いている。
アガパンサス	・花言葉は、恋の訪れ、愛のたより。
アケボノソウ	・地味な私、ハデナ曙草にうっとり。
アサツキ	・はじけてかわる。
アスター	・くらしの中で美しいもの追っかけるのは楽しい。 ・長く続けられる。好きなことがある。それは人生の宝物。
アズマイチゲ	・苦しいとか言う前に野の花のように力の限り生きてやれ。 ・村のはずれの地蔵さまは、白い小花にかこまれて。

アガパンサス　岡野陽子

アガパンサス　佐藤常子

アブチロン　香山保子

アセビ　岩本章子

アセビ　・小さな鈴蘭がぶらさがっているアセビ。
どうして馬酔木と書くの。

アゼムシロ　・畦道にぎっしり咲く、アゼムシロの花と葉。
わるいねぇと言いながらわたり歩く。

アップルセージ　・目で楽しみ、香りで楽しみ、心癒される。

アネモネ　・美しい花の日々つづく。私の平穏も持続する。
・咲いた、美しく。
・春だから背伸びして、思い切り深呼吸。
・春の舞。

アブチロン　・ピカッと光るもの、出ておいで。
・たった一度の人生だから、小さな夢を
いつも心の中に持っていたい。

アマリリス　・アマリリス、天に向かって咲く。

・一本描くつもりでしたが、美しさに次々に描いてしまいました。

・元気、げんき。大輪の花だから。

・自然の恵みは体を元気にしてくれる。
心も元気にしてくれる。

・素知らぬ顔をしているが、心に通い合っている。

アメリカハナミズキ　・私の夢の庭にいつも咲いている花。

アマリリス　花房文子

アメリカハナミズキ　水内淳子

アメリカンブルー　・身にも心にも、水をあげたい季節です。

・柔軟な心を持ってリラックスして生きたいね。

アヤメ

花ことば　よい便り

自分だけの言葉、心から出た言葉、それが本物であれば相手の心に迫ること間違いなし。アヤメを見て、どんなことがパッとひらめいたかな。

・あした天気になーれ。
・アヤメさく、鮮やかに。
・雨もまたいいね。色がさえるわ。
・雨に濡れて。
・雨に似合う花。
・雨上がりの美しさ。
・薫風にゆられて。
・今朝もまた一輪が姿を見せて。
・散歩の途中で紫色の美しさに、目も足もクギづけ。
・幸せや豊かさは物ではないよ。心だよ。
・すこやかな日々を。
・大寒に寒アヤメ咲いて和む。
・見えないところで笑顔が素敵。
・忘れずに咲いてくれたね。
・わたくし折り返し点から、再出発。

アヤメ　矢尾千代子

アイリス　石井常子

桧扇アヤメ　本多千晶

寒アヤメ　花房文子

イチハツ　金田禮子

ダッチ・アイリス　斉藤英子

アイリス　鎌田トシ子

イチハツ　松本民子

イチハツ　伊達節子

アロエ　　　　　・目のさめる思いで花を見る。
　　　　　　　　・白い波がくだけ散る海辺に咲くアロエ。
　　　　　　　　風も音も人のざわめきもみな包み込む。初冬の陽だまり。

アンスリュウム　・ここにも赤いハートが。
　　　　　　　　・緑いろのアンスリュウムは不思議に静かなたたずまい。
　　　　　　　　・連日の雨で花もかなしいおもいです。

イカリソウ　　　・夕暮れ時に光りあり。

イタドリ　　　　・子供のころの一歩一歩はずんだ足どり思い出しながら
　　　　　　　　描いている幸せ。

イチョウ　　　　・いつの間にか空気にも、色も、初冬の気配。
　　　　　　　　・錦のよそおい。
　　　　　　　　・太古のままに今も生き。

一輪草　　　　　・また会えた。

イカリソウ　馬場督子

一輪草　田中初子

イチゴの花　・いちごになれるかな。

イヌサフラン　・やさしいあなたが大好き。

イヌタデ　・足の向くまま、一人で歩く。

イヌノフグリ　・小さいのに一生懸命に咲いています。

稲穂　・実りのある年に。

・籠を編んで遊んだ幼い日がなつかしい。

・ばあちゃん、私が育てた稲に穂が出たよ。

・大切な命。

・一粒の種子からたわわに実りました。
刈りとりまで、あと七日。

イモの葉　・自分らしく輝いて。

イワシヤカジ　・おもしろい花みつけた。木の枝でダンスしてるよう。

イワタバコ　・川辺の風。

インクルバ　・花が咲いた。こんな小さな喜びに感謝。

インパチェンス　・ひたすら集中、心に平和。

・まいにちが新鮮。

イワタバコ　可児鈴子

イチゴの花　荒木睦子

イヌサフラン　鎌田トシ子

ウィンターコスモス・一枝より広がる愛。

ウキツリボク　・舌を噛みそうな名前をまだ言えないまま描くばかり。

・頼りにしてくれる人のいるうれしさ。
よろこび苦しさもともに分け合いながら。

ウコンの花　・一枝より広がる愛。

ウスバサイシン　・雑木林の中は片栗の海。その海の底にひそむ
小さな巻き貝のようなウスバサイシン。

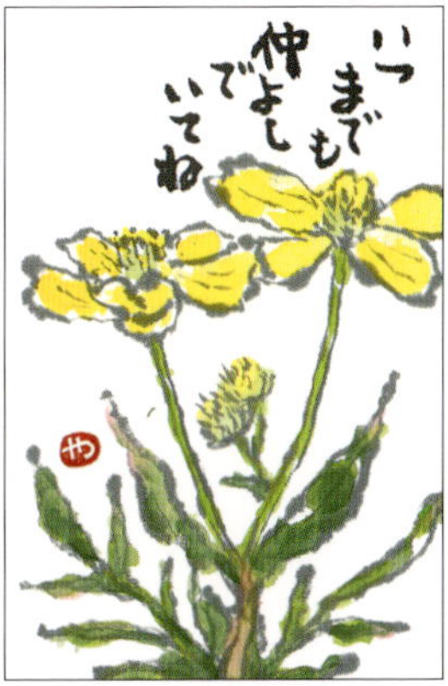

ウインターコスモス
香山保子

ウキツリボク　西田宏子

ウコンの花　柳井令子

ウチョウラン　・ささやいてほしい。

ウツボカズラ　・中味にいいもの詰めて、くらしを充実。

ウド　・元気な芽の方が美味しいよ。

・うぶな初心、忘れないでね。

・自然の恵み、この香りこの味、またふるさと
自慢したくなります。

・春の香りがいっぱい。

・白いうぶ毛がキラキラ光る。

梅

花ことば（紅）忠実・（白）気品

梅はわざわざでも見に行く価値がある花で、日本人には好まれている。
その時の様子を感じるままに書いてみよう。

・甘酸っぱい梅の香り、とどけます。
・いちりん、にりん凛と咲く、うれしい春の予感です。
・風が春をさがしているよ。
・風も光も春のにおい。
・くり返す、くり返す自然の摂理。
・香り一杯、梅漬準備中です。
・香り一杯、夢一番。
・玄関にかざりました。
・描こう。描きたいものに気持ちをこめて。
・白い花は何で清く、芳しいのだろう。
・今日も笑顔で、笑顔でいたいと思います。
・紅白で今年こそ私達が、いや僕達が勝つぞ。
・こころ華やかに生きる。

山室好子

宗田能恵

・今年はとくに見事な咲きっぷりで、昨日は一輪、今日は二輪。
・やっと咲いた一輪のいい香り。鼻を近づけて。

日下和子

・寒さを忘れさせてくれる花。
・自然は芸術家。
・祝入学、夢ふくらむ。
・つぼみの中に育んだ香りを今。
・どこからかうぐいすの声。
・嫁ぐ時に泣いた母さん、安心して。ケンカしながら仲良うしとる。
・庭梅を母と一緒に摘んだ、遠い日の想い出。
・庭の梅の蕾もふくらんで、日一日と春らしくなりました。
・初恋の喜びに舞い踊る、乙女のような愛らしい花。
・春が来た。心踊らせて。

渡辺艶子

・春、はやくこいこい。
・春、はやくこい。
・春、花、満開。
・はるの歩みは遅くみえても、咲くときは一気。
・陽がさしてきた。香りもほどけてくる。
・百歳までも描いていたい。
・冬を追い払って迎えた今日は立春。家の紅梅が咲きはじめました。
・冬枯れの庭に、うれしい春が来て。
・風呂場の湯気の中で、いよいよ春のささやきが聞こえてきたぞ。
・ほころびはじめて。
・待ち遠しかったね。梅が咲き、やっと春が来たね。
・満開の紅梅にのったぼたん雪がみるみる溶け、もう春ですね。
・ゆっくりと春めいてきました。

エゴノキ　・ボタン雪が降るように。

エゾツリバナ　・しがみつけるだけ、しがみついている。

エノコログサ　・野にはびこっているけど、よく見ると可愛いね。

エビテンドルム　・夢中になれば、何かが生まれる。

エビネ　・一日一日を重ねて。

・そろそろエビネもおわりそうでさびしくなる。

・筆を持つこのひととき、大好き。

エビネラン　・雑草を刈り取った。花が雑草に押しつぶされないように。

エリカ・ファイア・ピース・天に向かって伸びる。伸びたらパッと開く。手を広げて。

エンゼル・トランペット・下を向いても精一杯咲いている。美しく。

・ゆっくりとほどけるようにひらいて、今大きく
風にゆれて咲く。

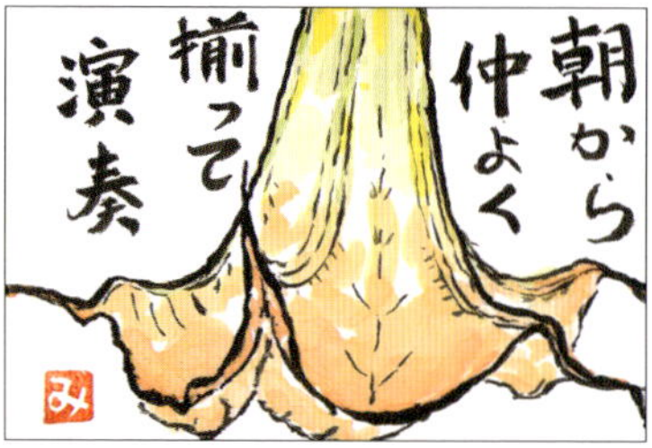

エンゼルトランペット　今田道子

エンゼルトランペット
中村智恵子

エンゼルトランペット
平松澄子

エノコログサ
石原冨美子

オオタチツボスミレ ・語りかけてるような表情が愛らしい。

オオツヅラフジ ・そのまま一房耳かざり。

オオバコ ・何度も踏みつけられた。でも諺どおりの自分がいる。

オオバユリ ・天然のドライフラワー。

オオハンゴウソウ ・振り向いたら、みんな笑ってた。

・まわれ、花の風車。

オオヤマレンゲ ・甘い香りのオオヤマレンゲ。

・香りまで幻の花。

オオヤマレンゲ 難波節子

オオヤマレンゲ 宇川澄子

オキナグサ	・会いたいあなたにやっと会えた。うつむいて慎しいあなた。
オクラ	・なんともいえない可愛いオクラの花。
オグルマ	・あの猛暑をくぐりぬけ、今命もやしている花。 足を止めずにいられない。
オシロイ花	・おしろい花の日暮れのイルミネーション。

オシロイ花　　坪井寿子

オキナグサ　　本多千晶

オタカラコウ　　加藤産丹子

おだまき　　林　清子

オドリコソウ　　宇川澄子

オタカラソウ	・深山のお宝。
オダマキ	・雨あがりはさらに美しい。
	・切って送ってあげたい。
	・時には下を向いても、あせらずあわてずマイペースで進んでいきますね。
	・たまには下を向いても元気いっぱいだよ。
	・光に向かって、風をうけて、ハミングしています。
オドリコソウ	・楽しく今日もおどっている。
オドントグロッサム	・気高さ溢れる花姿。
女郎花《おみなえし》	・風も秋色、野の草も主役のガーデニングとか。

カーネーション

花ことば 清らかな愛・母への愛

母のことを思い浮かべながら描くカーネーションは、愛がいっぱい詰まっている。母への思いを書いてポストイン！

・アリガトウ。口では言えないアリガトウ。
・ありがとうが聞こえる。
・いつまでもおしゃれでいたい、母として。
・いつも元気で若々しく、おしゃれもしていたいお母さんです。
・いつもありがとう、お母さん。
・たった一輪なのに、母の笑顔が見られます。
・うれしい一日。
・うれしいね。娘たちからありがとう届いた。
・大空仰ぎ、おかあさんありがとう。
・お母さん、ありがとう。
・お母ちゃんと呼ぶ。ふしぎな力がでるよ。
・お母さん、何とやさしい呼び名でしょう。
・おなかまに入れて下さい。
・おばあちゃんと呼んでるけど、お母さんと同一語。
・親孝行したい時に、親がいるうれしさ。
・母さん、百歳までがんばろう。
・ここまでよく頑張った。いろいろあったけど、ありがとう。
・子供のようになった母に渡すカーネーション、分かってくれるかしら。
・白でも赤でもない花を買う。
・世界でたった一人のお母さん。ふだんは心の中で想うけど、今日は思い切って言おう。ありがとう、お母さん。
・たくさんの元気、何よりの妙薬。

熊代直子

・母の日です。お元気ですか。

・母の日でもないけれど。

・母の日に亡母の年齢をかぞえています。

・母の日は終わったけれど、毎日が母の日と思うことが私の仕事。

・母の大好きだったカーネーション、きょうも飾ってます。

・母の日、むすめからのプレゼントはフランス料理でした。

・母の日や航空便でのカーネーション。

・母はいつもそばにいる。

・母の日が過ぎても咲きつづけるカーネーション。

・日頃の感謝を花に託して。

・「毎日、お水をあげてネ」。孫のプレゼント。

・回りくる母の日に幼い日を思い出した。

・ママに感謝の日。ありがとう。

・もらうと本当にうれしいね。大切にされる気持ちは最高。

・やさしくて、強くて、たよりになる母。どこから力が湧いてくるの。

・連休に台風が来て、台風が去った。その後カーネーション届く。私の気持ちは快晴です。

・私には父がいる。

本多千晶

大森節子

カ

ガーベラ

花ことば　神秘

自分の描きたい花を描くのが一番いい。
私にとってガーベラは大好きだから、心が生き生きしてくるよ。

・赤い花がぽっとなりました。
・赤く燃えていたい。
・いつのまにか開いた。
・いつもこれから。
・お日さまの色。
・かきたい時にかく、感動が薄れないうちにかく。鮮度が決め手。
・きれいにかいてね。
・今年は何かいいことがあるような、そんな予感がするんです。
・五月晴れはどこにいった。
・新緑の風に揺れてる。
・すっぽり雪にうもれたガーベラにも、うれしい春です。
・台風去って、この空の色。
・遠くをみつめて。

山本智都子

佐古千恵子

・花の香りでホットひと息。

・花よ開け。

・よろこびあふれる人生をおくりたいな。
　生きることを楽しんでみたいな。

石原冨美子

綾部千代子

難波玲子

国末幸子

貝殻草	・誰か来るのをじっと待ちながら。
ガガイモ	・ゆっくりいこうか。
カキツバタ	・あなたの好きな花。今年も咲きました。
	・曇り日の緑の庭にカキツバタ咲けり。
	・只今、堂々と咲き誇っています。
	・天国にもポストがあったらいいのにナ。
カクトラノオ	・自分流で咲き競っている。
ガザニア	・秋が急いでやってきた。

カサブランカ

花ことば 高貴・純愛・雄大な愛

元気に咲いている大きなカサブランカ。
言葉も大胆元気に表現すれば、自分の中にエネルギー湧いてくる。

・上に向かって伸びる。私もぐーんとのびよっと。

・カサブランカには愛があり、贈る心がある。

・カサブランカの花が咲くと、まめまめしく手入れする私です。
　来年も咲いてほしい。

・川の流れ、雲の流れ、人の流れ、ときの流れ、すべて流れ行く。

・このかおりが好き。このあでやかさが好き。

・花の白さが眩しい朝だ。

・眠れない夜。ねむらない香り。
　あなたと一晩付き合ったら
　ワインを飲んだように酔ってしまった。

・ぬくもりと安らぎ。

・前むきに生きよう。

・また描くぞ。

横山昭美

河田郁子

金光和子

佐藤常子

中村瑞江

石川慶子

カスミザクラ	・倒木の枝先で、最後の力をふりしぼって咲いたカスミザクラ。
カズラの実	・自然の色はパステルカラーに似せて。
カタクリ	・おひたし、酢のものいかがです。（食用になる）
	・謙虚に自分色、咲かせましょ。
	・そよ風に花ひらく。バレリーナのように。
	・光と風を呼び寄せて。
	・林の中にひっそりと開いていた。
	・ますます羽ばたいて下さい。 オメデトウ。
	・もっと輝く日がやって来る。

カタクリ　　喜多　仁

カクトラノオ　　久保悦子

カズラの実　　山崎紀美子

	・春の花の女王に会う。
	・群れて咲くの、はずかしがりや。
カトレア	・いちばんきれい。
	・いのちの重み、生きることの重み、一日一日の重み。
	・カトレアのきれいなローズ色がでませんでした。
	・花の女王に推薦します。
カノコユリ	・子供のころ見た花は、どうしてこんなに 心が動くのでしょう。なつかしいのでしょう。
カボチャの花	・凄い万能選手。
カモメズル	・いつも通る道に咲いていたのに、 今日はじめて気がついた。

カボチャの花
斉藤須美子

ミニカトレア　内山　光

ガザニア　大久保忠子

カボチャの花
平松澄子

カラスウリ

花ことば よい便り・誠実

野山で出会うといちだんとひき立つからすうり。何だかあの人に教えてあげたくなるね。さっそく絵手紙出したくなったよ。

・秋になるとあやつられたように野山に向かう私。君を求めて。

・山々の緑が、いつのまにか紅葉一色になって。

・いつも我家の太陽でいたい。

・描けば描くほど止まらない。

・風の便りがきこえて来ます。

・寒くなって、からすうりの朱色、深く、重く。

・心が喜んだ秋の一日。

・今年も出会えたね。いつものところで。

・静かな秋。そっと自分を見つめる秋。

・好きなことを続ける。
あかく赤く熟れていくのを楽しみに。

・雑木林にカラスウリが、
そのまんま鈴になり。

・大切なのは誠実、信仰心、愛。

・何と幽玄の白い光。八月の終わりに。

・真夏。

・レースの花を咲かせたカラスウリ。
秋の実は漢方薬で大活躍。

・山歩き大好き。

・山歩きが楽しいね。

・夕日に映える朱色に、秋の深まりを感じる。

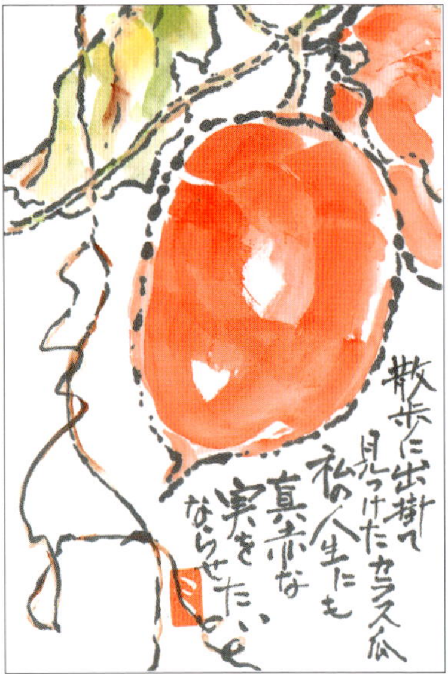

本郷美三子

カラー	・美しさの表現ができないもどかしさ。
	・初夏の風に吹かれて。霧のように淡く散った思い出が。
カラタチ	・花は可憐だけどトゲにご注意。
カランコエ	・キラキラ輝きながらいっしょに歩きましょ。
カリガネソウ	・しなやかにかろやかに、思うままに自由におどろうよ。いっしょに。
カルセオラリオ	・花に囲まれてくらせる幸せ。
カワラナデシコ	・いいものは伝わる、人から人へ。
観音竹	・株わけをしました。若いから元気。

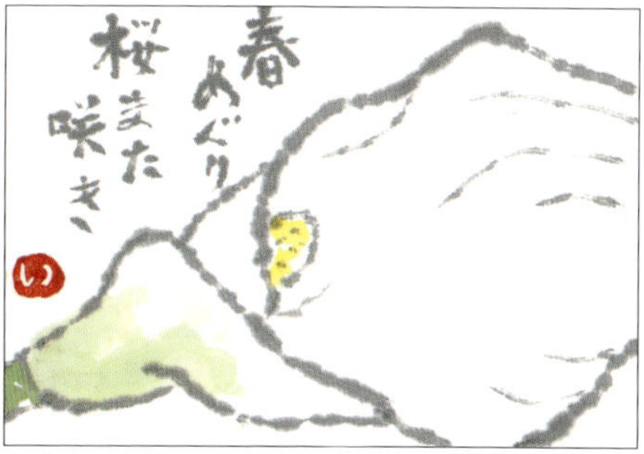

カラー　　岡　逸子

カランコエ　　久須美宏呂子

カラー　　横枕良子

カラー　　浜口英子

カンパニュラ　倉木紀穂美

カンナ　竹山繁代

カンナ　・元気な赤い色。大動脈を通ってすみからすみまで真っ赤な血潮が流れたよ。

・心淋しい時、うれしい時、赤い色をつけよう。

・カンちゃん、おなじなまえだね。暑さに負けないでね。

・自分の花、咲かそう。燃えながらまっすぐに。

カンパニュラ　・いよいよ梅雨入りです。季節はちゃんと訪れてくる。

・描きたくない日もある。でもやめない。

ガンピ　・花はじっとしておれない。内から開いてふくらんで。

キキョウ

花ことば　変わらぬ愛・誠実

見ているとやさしい気持ちになれるキキョウ。
その気持ちで筆を運べば、相手の心に伝わる言葉もすっと浮かびそう。

- 秋の七草。桔梗が咲くと風が爽やかになってきます。
- 秋の七草、今盛り。
- 嬉しい梅雨の時期です。
- 感動が心をつくる。
- キキョウと虫の二重唱。少しゆとりを取り戻す。
- 桔梗のような風吹いた。
- 桔梗の紋章の武士はだれ。
- この紫が好き。
- 好きな男性に贈るなら、清楚な桔梗の花。花言葉は「変わらぬ愛」。
- 花の愛情プレゼント。
- 久しぶりの雨にみんなイキイキ。
- ひらいた。
- 紫色の星たちが、秋だ秋だと言っている。

永礼千江子

二重咲キキョウ　大森節子

安東敏江

キク

花ことば 高潔・私を信じて下さい・女性的な愛情

キクは花びらが多いから一枚一枚描くのはめんどうかもしれない。
でも似なくてもいい。大胆に素直に描けばいい。
それをもらった人には心が伝わるよ。

- 秋空に似合う花。
- 秋はどこから。
- 秋の色、秋の香りに誘われて。
- 今も昔も変わらない菊の花。
- 大きな花、小さな花、色とりどり。
- 菊花酒に父の面影。
- 菊の花といえば菊人形。見事。
- 菊の花、元気いっぱい育ったよ。
- 小菊一鉢おとどけします。
- 心の中がパッと明るくなったよ。
- 幸せな心のなかに（小菊）。
- ステキにとしを重ねたい。

妹尾絢子

藤原愛子

山下方子

・大地に花の蕾がふくらんだり開いたり、私は紙の上にかいて花をまきちらす。

・つぼみでも、いきいきしている。

・努力は大切。

・野菊ですよ。花をくれた人は、こともなげにいう。

・花香る。人もまた。

・日ごとにふくらみて（蕾）。

・真っ白なふくをきたきくさんは、まるで雪のように光っている。

・無心に咲きつづける。

木元信子

松崎雅子

福田江里子

太田峰子

キウイの花　山下方子

キクザキイチゲ　原田一美

キクイモ　福田詠子

キウイの花	・初めてみつめたキウイの花。
キクイモ	・夏の暑さにも負けず、人に勇気と元気をくれる。
キクザキイチゲ	・しっかりつぼみかかえ、土を割る。
ギシギシ	・誰にもほめられないけど、春だぞと精一杯咲いてます。
キツネノカミソリ	・久しぶりに雨の音。
	・立秋の声をきくと、いちばん先に咲き出して。

ギボウシ	・雨があがると、きぼうしの芽が出ていた。
	・一日一花、約束通り。
	・バトンタッチ、次のつぼみが咲いたから。
	・冬枯れの野に擬宝珠の種。
キョウチクトウ	・とろとろ昼さがり。
桐の花	・桐の花は虫よけにピッタリの香り。
キンシバイ	・暗室で、私が一番かがやいている。
	・七月になったとたん、夏空にひろがる。
金魚草	・金魚が青空を泳いでいる。
キンセンカ	・あなたの目から隠れようとする私を、あなたはほほ笑みながら見ている。
キンミズヒキ	・夏から秋へ。

桐の花　　林　清子

金魚草　　木村永子

キンモクセイ

花ことば　気高い人・謙虚

もらったはがきからいい香りがただよってくる。気のせいかしら。キンモクセイの香り、あの人に届けてみたい?

- 雨の日にお隣からいただきました。香りをあなたにおすそわけ。
- 一瞬に色ずき、一瞬に散って芳香を残す。一瞬だから美しいのだ。
- 一年に一度咲く。雨にも風にも負けず。
- 風にのって、香りが当たりにいっぱい。
- 香りが呼んでいる。
- さりげなく、いつも与えきり。心地よい人生みたい。
- ちっちゃな花だ。
- 花の咲くのは年に一度。後は静かに時を待っている。あくせくするのは止めよう。一度でいい、ひとつでいい。
- 好い匂いが、どこからか。

岡田悦子

阪本敦子

尾崎かっ子

高田和子

クサイチゴ	・足もとからほほえみ。
クサギ	・一番咲きはドキドキしながらながめる。
	・くさぎの実、一つ一つに秋の色。
クサボケ	・少しつらいことがあって帰り道。枯れ草の中に花を見つけた。
クサボタン	・甘い香りがすると思ったら、この花からでした。
クサモミジ	・草紅葉です。イヌタデの花に負けじと葉っぱたちも化粧を始めました。
クジャクサボテン	・咲いた、咲いた。三年目で一ツ。
クジャクラン	・花の命は短い。それだけに美しい。

クサギの花の実　　大塚春子

クジャクサボテン　　大森好美

クズ	・秋の入口。くずの花。
	・香り残して、こぼれ花。
虞美人草	・項羽が最後の宴で「虞や、虞や汝をいかにせん」と歌っていた。私の前にいちめんの虞美人草。
クマガイソウ	・切り取らないで写真で送ります。
	・幻想的なクマガイソウ。
クマヤナギ	・今色付いているのは昨年の実。
グミ	・秋の夕方。こんな可愛い花。
	・出逢いの赤い実たくさんなった。心の中にもたくさんなった。
クモマグサ	・高い山で、雲の間に間に咲くという。
クチナシ	・同じ姿は二度とみれず。
	・かおりで癒され、心も元気。
	・今日もくちなしを描いた。
	・クチナシが咲いた。一輪だけども甘い香りが部屋に満ちるよ。
	・近くにありながら手折れなかったクチナシの花。その甘い香りが包む。
	・人も虫も好きな香り。鼻をヒクヒクさせながら香りの元を探しましょう。
	・庭にあかりがともったよ（クチナシの実）。
	・冬の小さな気球。
	・花と実で楽しませてくれる。
	・夕方は、香り濃く。

クズ　本多千晶

グラジオラス

花ことば 用心・堅固

心をこめた「ヘタ」は上手を超える。相手に響く絵手紙になる。
さあグラジオラスをヘタに描いてみよう。

・暑うーい。
・真実を求める心。美しさを感じる心。
　自然は最高のお手本。
・毎日美しいものをさがしながら
　くらせる幸せ。
・燃えて天まで駆け上がって行きます。

良いこと
次々ありますように

石井滋子

花と
共に
しあわせ
ありがとう

馬場督子

花たち
は
暑さに
負けず咲いて
いるの
ね

陸　順子

花が好き
自
然が
好き

篠原貞子

クリスマスローズ

花ことば　私の心配をやわらげて

うつむき加減に咲くクリスマスローズ。
地味でいながら存在感があり美しい。私も謙虚になりたいといつも思う。

・頭を下げて咲いている。謙虚に。
・春の彼岸のクリスマスローズ。
・少し下をむきながら春を待つ。
・耐えた冬。感謝。迎えた春。

いっぱい
元気を
もらいました
ありがとう
え

新崎栄子

やさしい
あなたに
今年も
あえた
お

日下和子

いつも
頭を
下げながら
咲いて
いる
せつこ

大森節子

何か
いいこと
あり
そうな
せ

小野節子

クリスマスカクタス　・いつかきっと開花するのを信じて。

クルクマ　・せみしぐれ、ききながら。

クレマチス　・くるくる回るよ、花車。

・初夏の風にのってクレマチスの訪れ。

・久しぶりの雨、花も生き返りました。

クローバー　・四ツ葉を探す。いつも幸せさがし、夢さがし。

・この四ツ葉のクローバー。むざと枯らしてなるものか。

クロタネソウ　・きらり。

クロッカス　・いよいよ私の出番。庭の片隅で春の装いの準備をします。

・庭や野畑を春一色で飾りましょう。

クロモジ　・もじもじ顔、だした。

クロユリ　・想い出ばなしに花が咲く。

クロユリ　森松直美

クルクマ　村嶋康子

クロタネソウ　国府島優子

クンシラン　金光和子

グロリオサ　元宗映子

グロリオサ　岡崎保子

グロリオサ　今村美鈴

グロリオサ　・燃える心届けたい。

クンシラン　・今年もきれいに。

・寄り添いながら生きる。

ケシ　・アスファルトの熱気をうけてたつ。

ケイトウ

花ことば　色あせぬ恋・気取り屋

ふさふさと暖かさを感じさせるケイトウ。心の中までポッカポカ。
この温もりあの人に伝わるかしら？

・太陽の光をあびて美しく開いた。
・鶏のとさかにまけないぐらい立派だ。
・でぶは身上、どんとこい。
・庭を彩る。
・畑の畦道に、色よく咲いて。
・花の強さ弱さ。しなやかさやさしさ。
　花に魅せられて。
・正岡子規を思い出す。
・ビロード服のおしゃれさん。
・ビロードのような感触。秋空に映えて。
・待ちわびて、秋。
・やさしい友のいる幸せ。

末澤節代

藤村由利子

花房文子

福田江里子

早瀬好江

月下美人

花ことば あでやかな人

咲いた花との出会いは短い。今のその瞬間の美しさを
紙の上に残したいね。とくに月下美人の開花は見逃さないように
わくわく気分で待ちたいね。

・あなたに会える楽しみ。
・今しかない。一瞬の美を思いっきり堪能。今夜十時半、一夜だけの出会い。
　月はないけど月の下の美人さん。
・今夜咲きそうです。みるのが楽しみ。
・夏の夜に、においこぼれる花。
・花の命知っているかのように、美しき月下美人。
・真夜中の花。月下美人が咲く。至福のとき。
　香りを届けます。

月下美人の咲く様子を時間を追って描いてみました。
月見草の茎で描きました。　山下方子

午後4：00

8：00

8：30

8：50

感動を
ありがとう
胸もはちきれそう
9:30

9：30

待ちに待った
美人の舞に
ただただ
うっとり
絵手紙の
おかげで
美人にも
あえた
月下美人
10:30

午後10：30、満開

甘い香りに
酔いしれて
10時の舞

10：00

最後の
あいさつをして
いるかのように
うなだれて
次第に
さようならと
0:30

午前0：30

強くたくましく伸びていた花の茎も
一夜明けるとやわらかく
しおれている
美人薄命と
言われる様にほんとに短かい命だった。

翌朝

ゆっくりと
舞の終わり
あと少しで
終わりかな
11:20

11：20

コスモス

花ことば（白）純潔・（赤）愛情・真心

花を描いていると花の気持ちが自分に移って、やさしい心になれるね。
コスモスからそんな心もらいたい。

・青く澄んだそらの下、風はやさしくコスモスゆらし。
・秋がいっぱい。
・秋風と共に。
・秋風と遊ぼう。
・秋風に吹かれて、美しくさわやかに。
・秋風の囁きを聞きながら。
・秋風にかれんにゆれるコスモス。やさしさもらって。
・秋風に揺れる。
・秋大好き。
・あなたの笑顔に支えられて。
・いっしょに上を向いて歩こう。
・歩くのが楽しい。秋晴れ。
・うたうように風にゆれている。
・うつくしいものに出会うと心が動く。心が生き返る。
・いわし雲にそよぐ花。
・風の吹くまま、やさしく強く。
・風もやさしい、花もやさしい。
・可愛くゆれる。
・かれんに美しく咲く。
・こころゆれて、そっとゆれて。
・コスモスの囁きを聞きながら。
・コスモスの中にコスモスうもれけり。

風にゆれるコスモスの
しなやかさがいい
花井恒子

夕暮れが
早く
なって
来たね
中川房子

いっしょに
上を向いて歩こう
石丸公子

雨に打たれ
うつむき
かげん
松下洋子

山中幸枝

村上末子

岡崎満子

原田雅子

岸本有加

伍賀玉野

鈴木啓章

・さわやか秋空。

・素晴らしきかな自然。

・頬に冷たい風、心は熱い。

・やさしい秋風、さやさやと。

・やさしい風、揺れない心。

・ゆらゆらと風に遊ぶ。

・ゆれゆれて心のままコスモスの花。

・ゆらゆらゆれて、やさしさ包んでる。

・私の秋は、風にそよぐコスモスから。

幸福の木　・幸せは自分で作るもの。
コウボウシバ　・近辺を歩こう。
コエビソウ　・可愛い姿をいつまでも見せて。
　・じっと見つめれば見えないものが見えてくる。
コゴミ　・楽しみながら山菜とりに行きませんか。
コゴメバオトギリ　・仲間をふやしつづける。きれいだからうれしい。
コシノカンアオイ　・春ですよ。おっとラッパがなった。
コシノコバイモ　・口をつぐんじゃいや。
ゴテチア　・より添って大きな花となる。
コデマリ　・今年は梅花ウツギ。花少し。

コエビソウ　前　猷

コエビソウ　伊達節子

コマクサ　大森節子

コデマリ　森　智子

ちょっとした
ことが
嬉しい

コブシ　藤村由利子

咲いて
春が
きた

コブシ　斉藤須美子

楽しく
過ごして
いい
人生

コリウス　山本喜美

愛情を
もって
育てれば
かならず
応えてくれる

ゴマの花　貞森朋子

コバンソウ　・越後路は小判の草がザックザク。

コブシ　・花やさしく、かおりやさしく、心もやさしく。

・春は花。秋は紅い実。

・見ていると心が純粋になってくる気がする。コブシの花は。

・もう少しだ。春はすぐそこまで来ている。

コマクサ　・高山の花。小さく可憐に咲く。

ゴマの花　・愛情をもって育てれば、かならず応えてくれる。

コマユリ　・うれし涙のように、ひとしずくふたしずく。

コリウス　・花にも負けぬ葉の主役。ガンバッテ、この夏。

・まあ、色といい模様の美しいこと。残していきたいね。

鈴虫が
大合唱
しています
秋は
すぐ
そこ

サギ草　頼藤弘子

もう
春です

サクラ草　荒木睦子

うっとり

サクラ草　三木良子

春までに
もう
一頑張り

サクラ草　成本書子

サイネリア　・大きな葉に支えられて。

サギ草　・暑さに負けず、大空に自由を求めて、夢ふくらまそう。

・はてしなく広い空に飛ぶ鳥のように。

・サギソウが空に飛べたらいいね。

サクラ草　・タネから育てた花です。やっときれいに咲きました。

・何か楽しそうな囁きが聞こえる。春の日、風に戯れて。

・ほんとうの春をまっている。ポカポカあったかい春を。

・雪どけの頃の約束増えていく。

サクラタデ　・この花の前に立つとほっとする。このやさしさは

どこからくるの。ささやきより添う家族のやさしさ。

桜

花ことば 優れた美人・純潔

毎日のくらしの中の発見を日記に書くつもりで言葉作りを。
今日桜が咲いたよとその感動を。

・命いっぱいに咲いて、日本人を楽しませてくれる。
・嬉しい日、桜も満開。
・お元気ですか。お花見にいきませんか。
・風に舞う。
・悲しみのときにも、あなたはいつも微笑んでいる。
・今宵、桜の宵。
・心おどらせています。
・心はずむ春。桜の名所に出かけませんか。
・桜絵巻に誘われて。
・桜ストーカーに明けくれ。
・桜の舞は花吹雪。
・桜の下でおしゃべり、とっても楽しみ。
・寒さに耐えて優しい色見せる桜。
・寒さの中見つけた小さなピンクの花。
　私の心は春模様。
・自分の言葉で自分の心で活けたい。
・大切な心、伝えたい。
・楽しい時間の流れに沿いながら。
・多摩川の桜は、まだ五分咲き。
・誕生日おめでとう。今日からの一日一日も
　心おどる日々でありますように。
・だんだん暖かくなってきましたね。

鶴山の桜
木に咲き
人は気を

磯山美恵子

あなたに会いたくて

山本和子

十月桜　金谷光子

竹林和子

松岡和美

・散りぎわさわやか、いさぎよい。

・何事もひかえめがいい。

・なんだか嬉しい。

・庭の桜、ほころぶ。

・人間という花もみんな違っているから美しい。

・パッと咲いてパッと散る、はかなくも美しい。

・花一輪、あなたに。

・花咲かそ。心の中にも。

・花便りももうじき、お変わりございませんか（しだれ桜）。

・花につれない雨。

・花の下に人生縮図。

・花見べんとう二人でたべたい。

・花も私もガンバッテル。

・春を待つ夕ぐれは、きっといいことおこりそう。

・春風万里、花盛り。

・春の訪れ。
・春らんまん。
・太い幹にしっかりつかまって咲いている桜。
　とてもいとおしい気持ちになりました。
・満開の桜並木。息を呑む美しさ。
・また来年会えるといいね。
・見上げては心、満腹よ。
・見たくなって描きたくなって人を動かす日本の花。
・もう少しですよ。
・やっとお花見。
・指折りながら。
　春よ来い。
・来年も又二人でお花見
　できるといいね。

八重桜　馬場督子

諏訪香代子

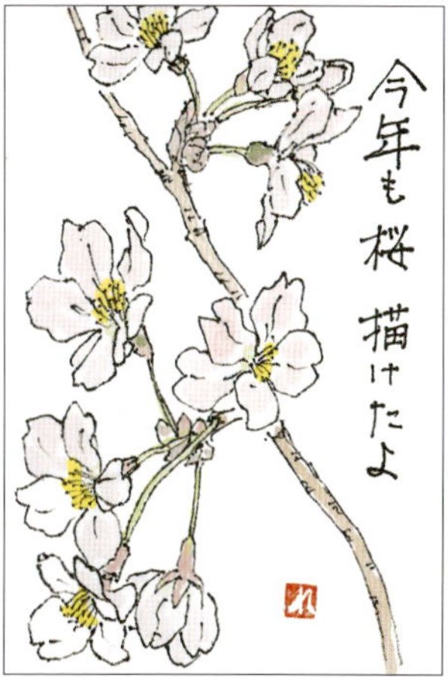

中塚玲子

宇川澄子

サザンカ

花ことば ひかえめな心・愛敬

絵や字が稚拙でも一生けんめいかくことで、自分の味が出てくるよ。それが魅力になればしめたもの。サザンカは子供のころからなじんでいた。

- 秋色の中、とくに目を引く濃いピンク。
- 朝霧の散歩道で。
- 元気にしていますか。庭の山茶花が全開です。
- 落ち葉でたき火した昔があったなぁ。
- 寒気を滋養分にして、家の陰に咲くさざんかのくれないの鮮やかさ。
- 冷たい空気に柔らかく咲く花。
- はてのない美しさで、いつまでも。
- 引っ越しました。庭の隅の山茶花に迎えられて。

飯田和子

今中澄子

泉澤富子

大森節子

ザゼン草	・ザゼン草の群落をみつけたうれしさ。
サツキ	・今のままのあなたでいいのよと、笑って花がこたえた。
	・花開く。心もひらけばいろんなことが見えてくる。
	・私の目を楽しませてくれてありがとう。
サネカズラ	・いい秋、見つけた。
サファニア	・長梅雨にうんざり。そっと一輪咲く。 思わず感謝、ありがとう。
サフランモドキ	・いっぱい、いっぱいいいものを吸収したい。

サツキ　宇川澄子

ザゼン草　今村美鈴

サツキ　大森節子

サボテン

花ことば　燃える心

ユーモアを感じさせるサボテン。花は針の上に座っている。
言葉にもユーモアを入れればもらった人も楽しさ倍増。

・暑い中、毎日ご苦労さまです。

・開花寸秒。

・小春日和。サボテンも日光浴。

・健康なればこそ、笑顔も見せられるのですね。

・サボテンの会のみなさん。チクリチクリ、たまには近寄らせて下さい。

・神様のように咲き誇っています。

・花にみとれて心も躍る。

・毎年見せてくれる色変わりサボテン、ことしも黄色のきれいな花を咲かせました。

・ワァーン、咲いた。おもわず声が出ました。

大森節子

サマークロサンドラ	・花屋さんの花壇の片隅でみつけた可愛い花。
サヤ花	・さや花の花ことばは恋の終わり。遠い昔のよう。
サルスベリ	・通りすがりにちょっと。見れば花も葉も悪くない。 蕾も活発に開く。
サルトリイバラの実	・きえない赤。
	・花壇が燃えてる。
サルビア	・紺碧の青にサルビアが燃える。さあ秋だ。
	・お日さま。咲いたよ。ありがとう。
サワギキョウ	・美しい花とともにいる。今、この一瞬、これが大切。
サンゴバナ	・絵手紙かいていると美しいものに目がいく。 心も美しくなったらいいなあ。
三輪草	・ちっちゃくても目立ちます。
サンダーソニア	・夏になったら、こんな袖のブラウス着よう。
四季桜	・紅葉と一緒に秋を彩る。
シダ	・夏を元気に。

サルビア　花房文子

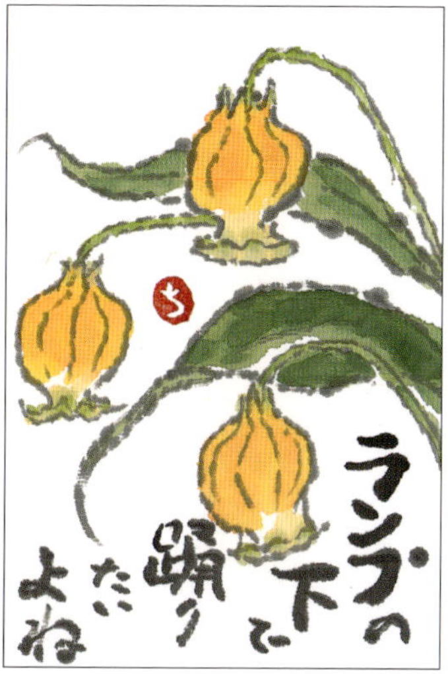

サンダーソニア　佐古千恵子

シクラメン

花ことば 内気・はにかみ

春待つ心はうきうき気分。
シクラメンを描いて、おしゃれな言葉を添えて相手に送れば喜ばれるよ。

・あなたの家に私の出番よ。
・新しい年の出会いを夢みて。
・暖かなひだまり、みんな集まれ。
・いくつになっても華ある人。
・いつも一緒にいたい。そんなあなたに出会えた嬉しさ。
・いつでも、どこでも感動できる感性をいつまでも。
・いつも窓辺の一等席。
・いよいよ出番となりました。おまちどうさま。わたし輝きます。
・嬉しいことを毎日探しながら暮らしている。
・うれしい陽だまり。
・お花屋さんの店先でこの花を見ると、年の暮れ。みんなみんなよいお年を。
・枯れても枯れても、あとからあとから芽を出し、花も咲かす。
そんなシクラメンが好きだ。
・今日も咲いてくれる。
・じっくりじっくり見ていると、花の心が伝わるよ。
・自然のエネルギー下さいな。
・師走。我家、正月支度これから。
・それぞれが自分の花を咲かせる。
・大好きなシクラメンをありがとう。部屋の中はシクラメンのかおりで
いっぱい。私もしあわせいっぱい。
・単身赴任、ご苦労さん。私の代わりにあなたを見守っている。

・次ぎ次ぎとつぼみが出番まち。

・出逢い、ふれあい楽しい旅。

・どんな日も紅い花は元気をくれる。あったかく包んでくれる。

・なによりの励まし。

今村美鈴

大森節子

・春よ来い。

・春、よりそって、あったか。

・春まであと何日。

・冬なのにあったか。

・冬が秋を追い越して来たよ。

・部屋を暖かくしてくれる。

・ほんの少し雪が降って来たよ。

・見つめるほどに愛着がわいてくる。

・喜びの顔に拍手。

・夢は大きく。

・若い気持ちで、今年も新たな挑戦を。

小村雅子

シャガ	・夢も、花も開く。
シャクナゲ	・いい香りは人をひき寄せる。
	・微かな黄色が魅力的、恥じらうように。
	・これからというとき、今、今が一番。
	・たのしみにしていたしゃくなげ、とうとう一枝さきました。
	・陽だまりでにっこり。
シャコバサボテン	・あたたかな日差しに、元気にパッと咲いたね。
	・おめでとう、おめでとうの二重奏。
	・背を向けずに仲よく向きあって話しましょう。
	・もうすぐ開花式となります。
シャクヤク	・花の王様、お願い。私にも王様気分わけて下さい。
	・やっぱり花は美しい。みなから愛されているね。
ジャスミン	・○○さんはジャスミンの香りを鼻をくっつけてかぐのよ。

シャガ　　馬場督子

シャクヤク　　三宅純子

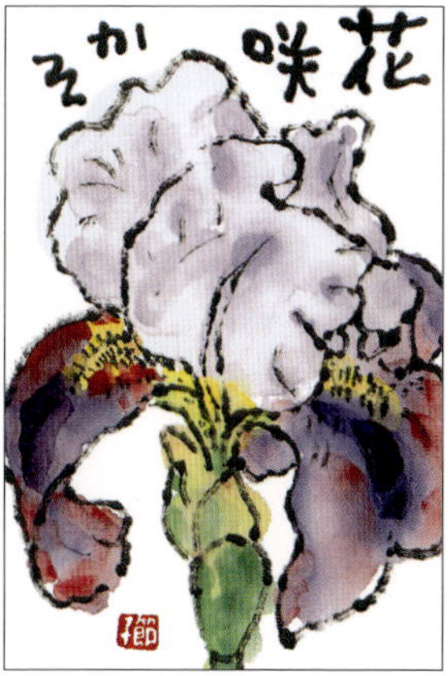

ジャーマンアイリス　大森節子

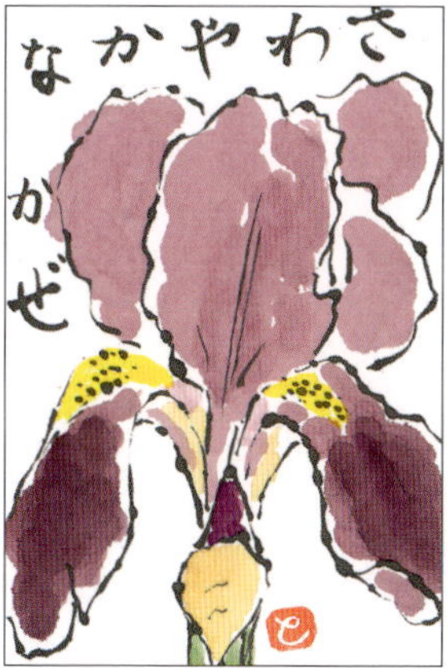

ジャーマンアイリス 鎌田トシ子

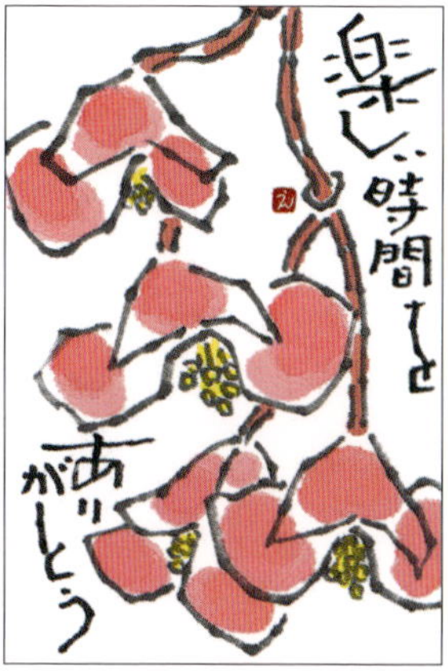

シュウカイドウ　岩城恵里

シュウカイドウ　落合英子

ジャーマンアイリス・今はつぼみ。和《なごみ》のこやしいっぱいやって、
美しい花を咲かせましょう。
・見事に咲いた。

シュウカイドウ　・思い慕う恋文のごとく咲く秋海棠。
・花は散る。心の花は散ることを知らない。
・日陰の好きな花でも、華やかに堂々と咲き誇る。
・病室の窓よりみる。あなたのことばかりしか
かんがえないのです。

シュウメイギク　・ことしは秋風がなかなかやって来ません。
　微かな思いを漂わせて咲く秋明菊。
・白なのにあたたかい。

ジュズダマ　・実りある人生は小さいことの積み重ね。
　今日一日の積み重ね。
・人まねでない。いいものは人の心に届く。

ショウジョウバカマ・残雪の中で、猩々袴に逢いました。
・人生を凛と輝かせるものは、一体なんだろう。

シュウメイギク　植田知子

ジュズダマ　赤澤玉恵

シュウメイギク　松本五月

シュウメイギク　栗政文子

ショウブ

花ことば　やさしい心・忍耐

引き締まった心でいると、筆の線も引き締まったいい線が出ると思うよ。
ショウブを見ていると、心がまっすぐに正されるような気がする。

石原冨美子

・雨をバックに、わたしは光る。見事な演出。
・カブトのそばに飾っています。
・鎌倉のお寺を思い出させてくれる花。
・きれいな立ち姿。
・ぐんぐん描けるぞ、このスピード感。
・今朝もまた一輪が姿をみせて。
・この花の花言葉をあなたへ。
・さわやかな五月。あなたに出会えて幸福です。
・自分では若いつもりでいるけれど、もう還暦の年になり。
・菖蒲園はカメラマンで場所とり合戦。早く、替わって。
・菖蒲湯に入れば、邪気が払われるんだって。
・老夫婦、並び居り。描くたのしさ。

宇川澄子

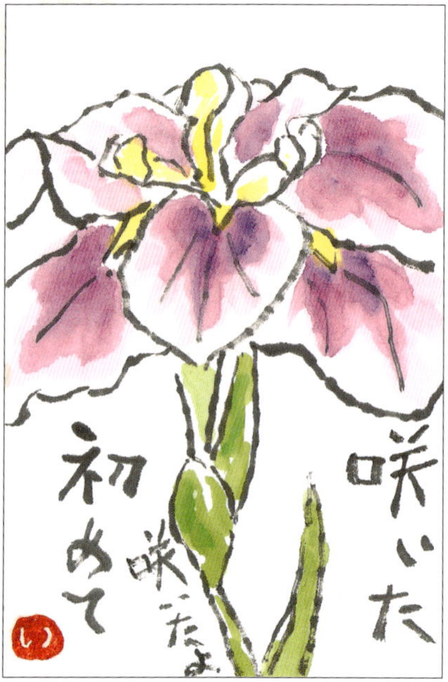
咲いた
咲いたよ
初めて

岡　逸子

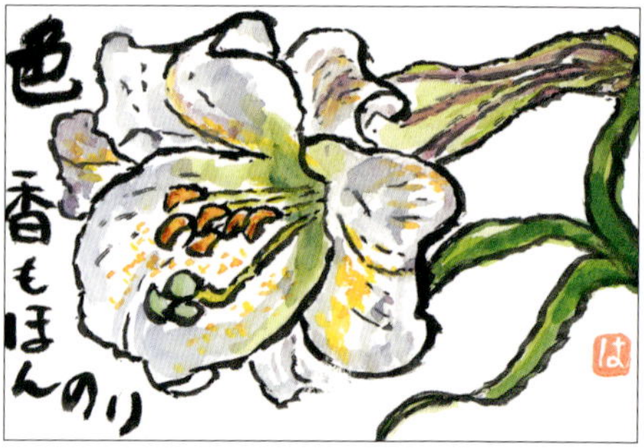
色
香も
ほんのり

田原花恵

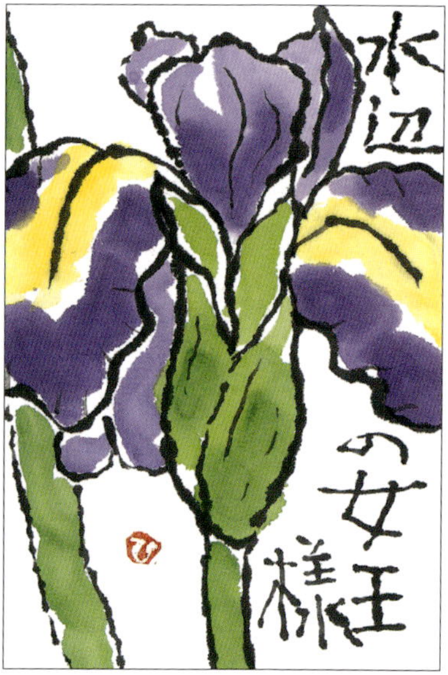
水辺
の女王
様

和田弘美

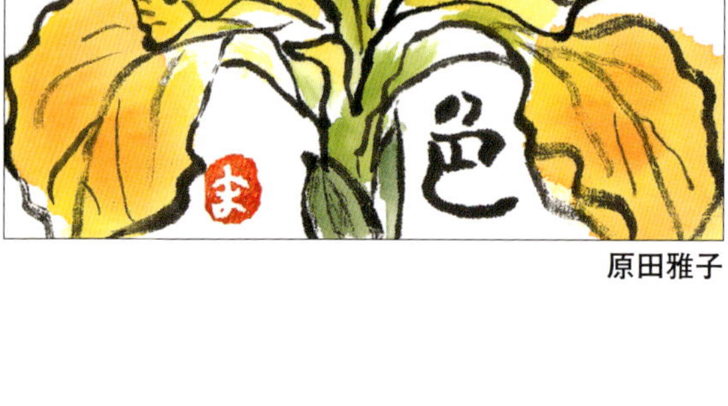
花は
色
人は
心で
輝く

原田雅子

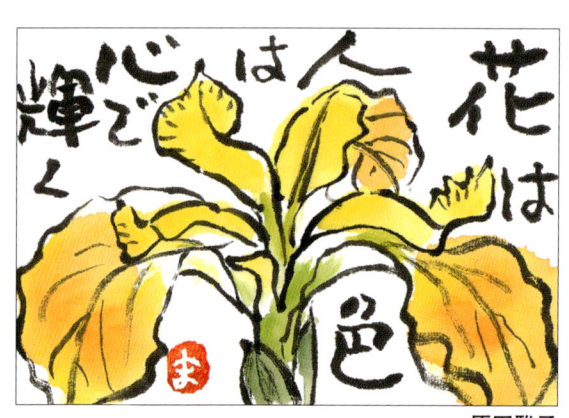

シヨカツサイ　・松の大枝ユサユサゆれて、買い物に出るのも足がにぶる。
　・野生の進軍、空地いっぱい。

シラネアオイ　・身も心もほぐしてリラックス。やわらかくしなやかに。

シロツメクサ　・牧草のお花畑の前でひと休み。

ジンジャー　・やさしい香りに包まれて。

ジンチョウゲ　・匂いの方向へ。あら、沈丁花の香りだったの。春を届けたのね。
　・もう少しでお会いできますね。
　・大切そうに春をだいてる。
　・庭の沈丁花、八分咲きです。いい香りがいっぱい。
　・庭の沈丁花のつぼみも一つ二つ開き、いい香りがしています。
　・うっとりする香りに呼ばれて、そばに行き、元気をくれたよ。

ショカツサイ　辻　和子

シロツメクサ　陸　順子

ジンチョウゲ　大森節子

ジンジャー　岡野陽子

水仙

花ことば 自己愛・（白）神秘・尊重

好きな花を見つめるだけで言葉が出てきて、素直な心が顔をのぞかせる。
それを紙の上に表現しよう。水仙も描いてみよう。
いろんな種類があるから楽しいよ。

・足の具合、いかがですか。
・あっちむいて、ホイ。
・あなたの香り届けたい。
・あなた何処か行きましょうかね。
・甘い香り。
・いい匂いゆっくりと春のおとずれ、温かさ。
・家の庭に咲いてます。
・一途な清らかさ。
・一緒に頑張る。
・一緒に咲く。助け合いながら。
・一年の描きはじめ。
・生命が香る。
・うれしくて、うれしくて。
・うれしさのあまりにチュー。
・うれしい出合いに感謝して。
・絵手紙で楽しい年に。
・お花のまん中に笑顔。
・お花もにっこり。
・おもいっきり春です。
・大きい声で呼んで「ハイ」春！
・買い物、おつき合い、どうもありがとう。

寒さの中にホッ
か
日下和子

楽しいこと待ってる春
赤西恵美子

笑える毎日に感謝
み
乗金日登美

寺尾芙美子

・香りが好き。
・賀春、心弾ませて。
・感謝の心に花が咲く。
・今日も元気。
・暮らしの中に楽しいこと見つけた。
・首を長くし、春を待ち。
・心を自由にして体で幸せ感じてみよう。
・今年もうれしい夢が始まった。
・幸福を健康を願っています。
・さぁ、新年。
・寒くても、背筋のばしてネ。
・寒さに負けずに元気いっぱい。
・幸せカラーはたんぽぽ色。
・幸せ描きつづける。
・幸せの一日。
・新鮮って、やっぱりいいな。
・新年を春の香り。
・水仙のかおり、大好きな匂い。
・水仙の香りは初冬の便りを運んできてくれるような気がして。
・ずっときれいな花でいてね。
・晴天。
・雪中花と呼ばれる水仙。
・背中を伸ばして凛と立つ。
・楚々。
・そっと顔を近づけてみる。
・大好きな花。

三宅純子

武田喜久子

岸本有加

山本玲子

・花もコーラス。
・春うらら。
・春を告げに。
・春を呼んでる元気よく。
・春が香りと共にやってきます。
・春がスタンバイしてますよ。
・春です。元気で明るくいきよう。
・春の香りをはこんでくれました。
・春の香りが届きました。
・春の訪れ高らかに。
・春の予感だね。
・春は日一日と近づき心ひきしまる昨今です。
・春はそこまで。
・一足先に春が来た！我家の庭に。
・人も花も太陽と対話している。
・冬の美しさ。
・ほのかに春のかおり。
・もうじき暖かくなるからね。春待つ日。
・もうすぐはるだよ。
・もうちょっとでホントの春がくる。
・未来へ夢つなぐ。
・やさしく笑ってる。
・やっとみつけた十二月の水仙。
・ゆっくりゆっくりマイペース。
あわてないあわてない自分の道、歩いてつくる。

永田洋子

松本民子

木船　貢

スイートピー

花ことば　門出・別離

スイートピーの花びらはヒラヒラと美しい。春の訪れの
喜びあふれた言葉が出てきそう。

・嬉しい、明るい、春よ来い。
・乙女の春、いずこ。
・香りにつつまれて。
・白もあったか。
・春の光で花びら踊る。
・春の佳き日、およろこび。
・春はすぐそこまで来ているよ。
・冬が寒くて冷たく、厳しいほどにやって来た春はやさしくあたたかい。
・もうすぐ春ですね。恋をしてみませんか。

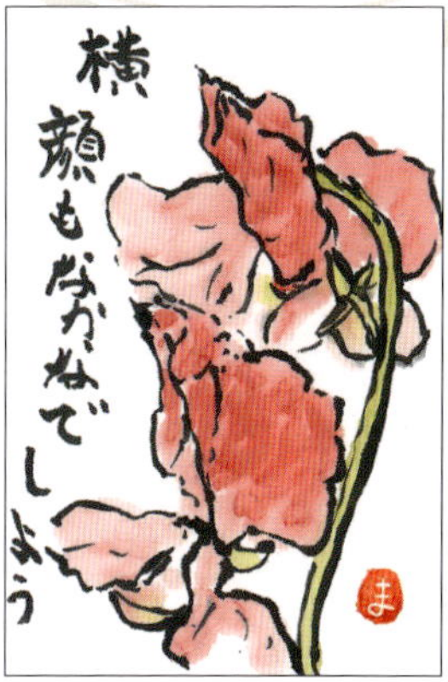

横顔もながなでしょう
ま

梶房正恵

やさしい春が
あっちからも
こっちからも
呼んでるよ
と

小林智子

フリルのドレスが
欲しいな
よ

陸　順子

スイフヨウ　岡崎晃枝

スイセンノウ　岡野陽子

スイセンノウ	・雨の日ははなやかに。
スイフヨウ	・しぼんだ花も愛しい。
スイレン	・一服の清涼感。
	・蓮田の中に咲く、美しき姿にびっくり。
	・花とおしゃべりしてきました。
スイレンボク	・暑さお見舞い、お元気ですか。
	・楽しく快適に過ごしていい人生に。
ススキ	・秋のうたげ。
	・秋の気配をそよ風が連れてくる。
	・ススキハシナヤカデイテツヨイ。ソンナ生キカタガスキ。
	・仲秋、ずっと月を眺めていたい夜（月とススキ）。
	・昼間の喧噪が嘘のよう。虫の音に心が癒される。
	・まあるく、まあるく、いい秋を（月とススキ）。
ストケシア	・人と出会い花と出会い自分と出会う。

スズラン

花ことば　純潔

鈴のような小さな花が鈴なりのスズラン。幸せ運んできてくれそう。
小さくても自分なりのものを積み重ねて、いい人生にしたいもの。

- おさな子の髪かざりによくにあう。
- 輝きの中に、きっと咲く。
- 香りも一緒に描いてネ。
- いじらしく可愛い姿に、なぐさめられます。
- きこえるね。幸せのベル。
- 五月のよろこび。
- 幸せがベルを鳴らしてやってくる。苦難をのり越えた人に。
- スズランの花が咲いて実がなった。かくことは小さな実をつくること。
- すずらんも紅葉。太陽にかざしたら、黄金にかがやいた。
- 清純。ふっとなつかしい言葉が浮かびました。
- たくさん咲いた。うれしいな。
- 天使が鈴をふる。青春だと。
- なつかしさと、いとおしさが奏でる思い出。
- ほのかな香りが届きますか。

内山則子

小原宏子

竹山繁代

スミレ

花ことば（白）謙遜・誠実・（青）貞節・誠実

絵手紙は大きくはみ出すようにかくのがいい。ところが小さなものをあまり大きく描くとかわいそう。小さくかわいらしく描くことでその花の個性も発揮されるね。スミレなどその例。

・アラッ、こんなところにも咲いてる。

・一緒に明日を夢みたいね。

・いってらっしゃい。お帰りなさいしているすみれ。去年の今頃ポストの下に移植しておいたのが、みごとに咲き競っています。

・ことばがみつからない。

・すみれのお目覚め。

・庭はいますみれがいっぱい。大きな花、小ぶりの花、こい紫、白、うす紫、インクが飛び散ったようなふ入りのもの。春の野の気分にひたれます。

・花の語りかけ、聞こえますか。

・春からずーっと咲いていてくれる、あなたのすみれ。

・春を思って。

・ひらいたよ、春のとびら。

・ホラ、ここにもあそこにも。

・もうすぐ春ですね。

大森節子

大森節子

ストック　・仲間がいっぱいで楽しい。
　・笑いましょう。人間笑ってないと幸せが来ないんですって。

ストレリチア　・感謝の気持ちが湧いてくると心が明るくなって、意欲も高まる。

セキチク　・赤ワインで乾杯。

ゼラニウム　・十日間、水もないヴェランダで元気いっぱい咲いていました。今、つくづくと眺めています。
　・美しいものを眺めていい気分。
　・毎日、毎日姿を変えて、頭をもたげては咲く。

センニチコウ　・変わらぬ愛情の花ことば。

仙人草　・思い出の花、仙人草。

千両　・ありがたい。長持ちする代表的なつぶらで小さな赤い実。
　・赤い実は鳥への贈りもの。
　・お正月になりました。
　・下山の足もとに愛らしく華やかに実をつけていた。
　・千両の実の赤々と今朝の雪。

ゼラニウム　宮川美佐子

セキチク　小野英子

仙人草　田丸孝子

センニチコウ　宇川澄子

大根の花	・引き抜いた大根から、どうしてこんなにきれいに咲けるの。
タイサンボク	・大きな花でしょ。
タイマツソウ	・咲いた、花火のように。
	・七月はじめ、暑さ三十何度。夕方ほっと一息。
タカクマホトトギス	・幸せは私自身が感じとるもの。
タデ	・秋の風にあわせて踊っている。
タニウツギ	・ほととぎす、鳴き渡る。
	・ひとつ又ひとつ小さな花の咲くを見る喜び。
タラの芽	・季節の味わい。人間の味わい。その人にしかない味。
	・芽が揃った。希望の春をうたう。 若い力をいただいて夢を追う。
	・春ですね。光がまぶしい。

タデ 根木和子

タイマツソウ 斉藤英子
(モナルダ)

タイサンボク 山中幸枝

タイサンボク 人見甚助

タイサンボク 大野靖代

ダリヤ　・内なる炎を燃やせ。

・普段の勉強が大切。手習い、目習い、指習い。

・無心に咲く美。私にも分けて下さいね。少しでいいから。

ダンギク　・だんだんだんと、青空へ。

皇帝ダリヤ　門木冨佐恵

ダリヤ　伊月三恵子

ダリヤ　小松原和子

ダンギク　伊丹和子

ダンギク　滝澤菊江

タンポポ

花ことば 思わせぶり・神託

野に咲くタンポポは散歩の途中でよく見かけるね。
飾らない素の自分を表現できるといいね。

- あしもとで誰かがにこっと笑ってる。
- 上から見たタンポポは風車のように見えます。
- 風に乗って嫁いでく。
- 草花と遊んだ遠い日の想い出。
- 心のなかに明かりを灯してくれる花。
- 早春の花、お元気ですか。
- タンポポでままごとした日なつかしく、
  今はそれを描いている。
- タンポポの花に心よせて。
- 野を越え、山を越え。
- 春が来た、春が来た、どこに来た。
- 春です。待っていた春です。暖かくて、春好きです。
- 春の出会いワクワク。
- 春の日差しに、にっこり、ほほ笑みがえし。
- 日だまりに咲いて。
- ふわりふわり。
- 踏まれれば踏まれるほどにつよくなる。
- 踏まれても踏まれても美しく咲くタンポポの
  ように、私も歩みたい。
- 綿帽子のおよめさん、そよ風さんと一緒に。
- 夢をのせて。天上の世界まで。
- 私の想い、とどいて欲しい。

国貞富美子

中川房子

高杉邦子

チューリップ

花ことば 博愛・名声・愛の告白

チューリップはみんな子供の頃から大好き。見ているだけで純な心に戻りそう。そんな童心を呼び起こせば相手の心も動くよ。

足達富子

・あたたかい春が風にはこばれてくるよ。
・あたたかくなりますね。お元気ですか。
・新しいことはじめたくなる季節です。
・いい一日、重ねて一年。
・一年間包んでいたものを開く花。
・いつも春のようなお母さんでしたね。
・いつもふんわり春気分。今日も幸せな一日をありがとう。
・今、ふわっと咲いたの。
・いろいろ楽しそうに花はうたっている。私もうたいます。
　あなたもうたいましょう。
・温和しいモデル。
・おめでとうの春ひらいた。
・おめにかかれ、うれしい一日。
・おやゆび姫が大きく咲いた。
・がんばって咲いてます。
・来た来た春が。
・首を長くして春を待っています。
・五分で描いた。生き生きしている。
・さいた、さいたよ。
・幸せはいつも自分の心がきめる。
・自分をみつめなおす成人の日。
・少しでも長く咲いてください。

陸　順子

・大胆に咲く。
・楽しくて明るい鮮やか色のシンフォニー。
・小さな庭にチューリップ、いっぱいの春。
・チューリップの前では、
　誰でも絵手紙一年生。

山本智都子

・チューリップのお店を出しました、いかがですか。
・人生だって色々……だから楽しい。
・何か始めたくなる季節です。
・庭のチューリップ切ってくれた友の心、その赤色に感じる。
・のびのびと描いていたら童心にもどる。チューリップの不思議。
・はじめまして。
・初恋に戻り、またファイト。
・花の春がきました。お元気ですか。
・花ひらく春。
・花屋さんで春をみつけました。
・花屋さんの前では香りの饗宴。
・花屋は一年中春。
・母が育てた花が咲いた。
・春がすき、お花がわらう春が好き。
・春が来た、心のまどに。
・春がよんでいる。
・春ですね、春ですよ。
・春の訪れうきうきしそう。
・春のはじまり。
・やさしい風にゆれている。

渡辺安野

斉藤英子

岩城恵里

チェリーセージ　・アナタノヨウニ、ヤサシイ。

チゴユリ　・雑木林は一面秋色じゅうたん。

チヂミザサ　・葉っぱのウエーブ、心のふるえ。

ふるえなかったらはじまらない。

朝鮮朝顔　・一本の茎から五個も咲いた。琉球朝顔おみごとバンザイ。

・又来年ネ。

・いよいよ夏到来。高らかにトランペットを鳴らしながら。

茶の花　・お茶にしませんか。

茶の花　古谷野啓子

チェリーセージ　谷光誠子

ツクシ

花ことば　向上心

ツクシを見つけた時の喜び。ときめく心は貴重品。
この心、子ども心も一緒にあの人に届けましょ！

・一日一善。
・いつでもさがしているよ。どこかに君の姿を。
・思わぬところに土筆が出てた。近所の人に笑顔で挨拶された気分。
・枯草の中でそっと首を出したつくし。春はまだまだ遠いよ。
・今日は啓蟄。春は確実にめぐってくる。
　服も軽くてさっそうと。
・元気に春を迎えました。
・自分らしく、のびのびと。
・つくし君、もう出てきたの。まだ寒い時が
　あるから、もう少し我慢した方が良いよ。
・土の匂い。はるのかおり。
・どんなに北風が吹いても、ときどき雪が
　降っても、春は少しずつ近づいているんだね。
・野原でつくしん坊の背くらべ。
・春をまちわびて、背くらべ。
・春のおとずれ、命の芽ばえ。素敵だ頑張ろう。
・見つけた時の踊る心。このわくわく感は
　どこからくるのかしら。
・ポカポカ嬉しい春です。
・まっすぐに光りに向かって。
・もういいかい。わぁーつ、見つけたあ、
　笑いがとまらない。

寺尾ヒロ子

田丸孝子

月見草	・いつの間にか咲いていた。雨が降ってきた。
	・寒さには月見草が似合う。
	・誰を待つのか月見草。
	・うれしい春の訪れ。
	・初冬まで咲き続ける月見草。
	・人歩む道に花開く。花咲く限り人生きる。
ツクバネ	・いい風にのれたらうれしいな。
	・次からつぎへ、飛びたとう。

ツルリンドウ　田原花恵

ツルリンドウ　福田詠子

月見草　大熊照子

ツツジ	・絵手紙は五月の風。
	・桜の存在の影になって迎えたあなた。
ツボサンゴ	・自分の画を描き、自分の言葉で書けば、その人以外かけないものになる。
ツリフネソウ	・まだ感動さめやらずボーとしている。こうしてはおれぬ。また野の花と共に歩んでみよう。
ツルキキョウ	・太陽をたくさん感じはじめる季節。
ツルリンドウ	・山の精気を呼吸するひととき。

椿

花ことば 気取らぬ魅力

寒さの中に咲く椿は絵手紙のモチーフには好材料。
人の心をとらえる花はみんな好き！

岩城恵里

賀門信子

- 愛くるしい茶花つばき。
- 会う人がみな、やさしく見える日よ。
- 暖かくなったら温泉へ行こうね。
- あなたが一番。
- あなたの笑顔にあいたい。
- あなたのために燃えて咲きます。
- いいことありそうな春。
- いいですね、春は。
- いい春。笑顔でおめでとう。
- いくつになっても心ときめく春。
- いっしょに咲きたい。
- 一輪を見つめる。
- 美しく開いた花。見る楽しみ。描ける喜び。
- 美しいものは美しいと思う心のゆとり。
- うれしい春がやってくる。
- 王冠、美しく咲き誇って（肥後椿）。

中嶋由紀子

・大きく、大きくふくらんで（蕾）。
・大きく咲かそう、この春。
・大きな実がついたよ。おちついて心静かに。
・遅咲きの八重つばき、うす紅にひらく。
・おだやかに見つめ、おだやかに咲き、おだやかに散る。
・おちついて心静かに。
・思いきり咲く。
・寒椿さん、白い羽衣着せてあげたいな。
・「元日」という椿が、もう咲きました。
・木枯らしに負けないで。
・心燃やして。
・午後から雪が降ると天気予報。寒い、寒い。
・こんどは私の出番です。庭のステージに
　華やいで開いた紅色まだらの椿。
・こんなに大きな椿が咲きました。
・こんな椿、描いてみたかった。
・コレハ、コレハというよろこび、いつも（椿の実）。

椿の実　大森節子

的場節子

石田三恵

平松澄子

石井滋子

・隠れていても香りがわかる。
・元旦の朝、紅をさす。
・固い小さな蕾が恥ずかしそうに少しずつひらきます。
・かまくらの中からのぞいてる子供のよう。
・咲いた、咲いた。時期がくれば開く。
・挿し木の小枝に大輪の紅椿。見事です。
・寒さに向かってふくらむ。
・静かな心、見えますか。今日は休息日。
・しっかり咲いてます。
・自分らしく咲きます。
・霜柱の庭。寒に入る。
・雑木林にぽっと輝く。
・雑木林でじっと春を待つやぶ椿。
あたたかな春はまだ遠い。
・ツバキのかおりのおすそわけ。
・椿の実、はじける時。
・冷たい風の中でふっくらと。
・二月の庭にひときわ目立っている。私ここにいますって。
・庭の隅にひっそりと咲く椿一輪。
・はじけてとぶよ（椿の実）。
・はじけようぜ。椿の宝だよ（実）。
・花をいっぱい咲かせよう。
・花をかぞえて春を待つ。
・花のように美しい心で。
・花屋で念願の椿をみつけました。
・花はだまって精一杯生きている。

森　靖乃

万代みさ子

井上博子

・花びらの一枚一枚にやさしさ美しさを
　秘めてだまって咲いている。
・春をくれる木。
・春を待つ。
・春の足音聞こえますか。
・春のにおい。

渡辺安野

・春、花が咲くとき、命もえる時、望みに向かって走るとき。
・春は、もうすぐと数えるように。
・春よ、はやくはやく。
・春よぶ雨は楽し。
・光が美しい春の朝。
・日毎に日差しが和らいで。
・日足が長くなり、春がそこまで。
・ひそかに春のあし音が。

伊月三恵子

・冬に耐えて咲く寒椿。
・冬に耐えて今、咲く。今を描く。
・紅に魅せられて。
・まっ赤な椿が咲き、心あったかです。
・待ちに待った春だヨー。
・満面の笑顔に寒さもふっとぶ。
・見つめていると心がほわっとします。
・見るのも描くのもあなたがすき。

須賀美枝子

浅野勢津子

・昔人の心伝えるかのように地味に咲く。
・めぐる季節があるように、人生にもきっと次の扉がある。
・もうちょっと待っててね（蕾）。

露草

花ことば　尊敬

つゆ草のように目立たない花でも、ひっそりと陰で咲く花でも、
自分の心に響いたら表舞台に出てくるよ。

・朝一番に出会えて得した気分。
・朝の光の中に喜び、輝くつゆくさ。
・青の鮮やかさを何にたとえましょうか。
・雨につゆ草よく合います。
・お元気ですか。
・うれしいこともかなしいことも、草しげる。
・今日も雨、明日も雨、でも私は咲く。
・ダンボの耳のよう（ウォルト・ディズニーのマンガ映画の題名。その主人公の耳の大きい子象の名）。
・蝶、ジグザグに飛ぶ。
・常にやさしく平和主義。
・つゆ草は露を吸っています。
・つゆ草は朝生き生き、わたしは夕方生き生き。
・露草、なんとぴったりな名前だろう。
・露がひかっているよ。
・つゆくさだ、もう夏が近いね。
・長生きの秘訣、けんかをしない。
・早起きの人はみなみているよ。
・筆に頼ったけれど、やはり腕でした。
・やっと秋風、心地よく。
・涼風。
・立秋の朝に。

安井和子

宗田能恵

寺尾芙美子

ツワブキ

花ことば 謙虚・困難に負けない

筆のてっぺんを持って、ゆっくりゆっくり紙に刻むようにかいて線を鍛えよう。その人らしさが出てくるよ。さあ筆のてっぺんを持って描いてみよう、ツワブキを。

横山正子

・秋風がここちよい。
・あったかくしてますか。
・いつもつややかに生きられたらいいね。
・急に寒くなって震え上がっています。
・姑の思い出いっぱい。
・初冬、日だまり、鳥の声。
・静かな立冬の暮。
・すっと伸びて開くの、見習いました。
・そろそろ冬。
・とうさん、あの道もこの道も振り返って見たら、花がさいていたネ。
・庭の隅を照らす。
・庭の片すみで寒さにまけず、真っすぐ背を伸ばす。
・白秋に浮かぶ黄色の花。もうすぐ冬ですね。

岸みさ子

上林喜美子

多賀久江

嬉しい
秋
あ

入江明美

秋
ひっそり咲いて
く

二島國子

澄みきった
夜空に
十三夜の月
か

金光和子

木陰で
ひっそりと
咲く花、
でも
存在感
がある
厚

木並厚子

・花は心を癒す。

・晴れるといいな。

・日だまり大好き。

・また逢えて良かった。

・やっとつかまえた私の時間。うれしいですね。庭に出て一気に描きました。

テッセン

花ことば　精神の美・高潔

きれいに写真のように描かれた花がいいと思う人もいる。
でもなんだか動きがなくて、物足りない。
躍っているのがいいね。テッセンの茎も躍っているもんね。

・ありがとうと言いたくて。
・今日一日を楽しく送ろう。
・今日はお天気になりそうです。てっせんの紫がとてもきれいです。
・五月の光をあびて精一杯の咲く花に、明るく広い気分になりました。
・すみれ、つゆ草、てっせん、紫でいっぱい。私まで紫に染まりそう。
・今年もいっぱい咲きました。
・たくさんの出会い、ありがとう。
・目がよろこぶもの、体が喜ぶもの、心が喜ぶもの求めて。

田中時子

清広純一

近常和子

石原冨美子

トウガラシ　　・いつも待つ誰かの便り。

時計草　　・時は流れ、今、花が開いている。私はかげから花の美しさを楽しむ。

・時は流れる。いろんな人生刻みながら。

時計草　古本栄子

トウガラシ　矢野敏美

トレニア　山室好子

トマトの花　　・花が咲いてこそ実がある。縁起の理法が人生だ。

トラノオ　　・宇宙までつづいているのなら登ってみたい花の階段。

トルコキキョウ　　・うつむいてないで、上をみてごらん。

・窓からの風が涼しく感じるようになりました。

トレニア　　・虫の合唱、秋深し。

トルコキキョウ　綿矢仁子

トルコキキョウ　村嶋康子

トマトの花　広瀬かおり

ドクダミ

花ことば 自己犠牲・白い記憶

言葉はシンプルさが大切。無駄を省いていくといいね。
ドクダミはそんなこと教えてくれる。

・いい一日が、いい人生をつくる。
・今を、大切に。
・裏庭にこっそりと白く輝くどくだみの花。
・生まれた月が好きです。
・絵手紙始めて好奇心、倍になる。キョロキョロ、これも気になる花。
・絵手紙始めてから好きになったの。どくだみさん。
・可愛いいお花のどくだみ草。白いお花を咲かせています。
・暮れた庭の気づかなかったこの平安。そこらいちめんのどくだみの花。
・しんじることからはじめたい。
・せっせ、せっせ絵手紙で脳の活性。
・空の青さが好き、道端にひっそりと白い十字架。
・それぞれに虹があり。

河田郁子

・ただよう気品。
・十薬とよんであげたい。
・梅雨空も貴女を見れば心、晴ればれ。
・どくだみ干して漢方薬に。
・ドクダミってカンポウ薬になるの。知ってる？
・臭いが何となく好きになった。
・名前にそぐわぬ美しい花。
・庭はどくだみで真っ白。
・派手じゃないけどしずかに群生している真白い花。なんて美しいんでしょう。
つつましく生きよと言ってるみたい。

・真っ白の十字花は、こっそり雨にぬれる。

・まっ白の花が束になって開いて、雨を呼んでいる。

・道端にひっそりと白い十字架。

・無駄をなくして身も心もすっきりくらしましょう。

・無駄なものをなくしてすっきり。

・無駄のない美しさがいいなぁ。

・むりしなくてもあなたのいいところ、
　わたしはいっぱいしっていますから。

・夕闇に浮かんでいる白い花。

・路傍に咲く白い十字架が寂しい。

橋本京子

倉木紀穂美

星野紘子

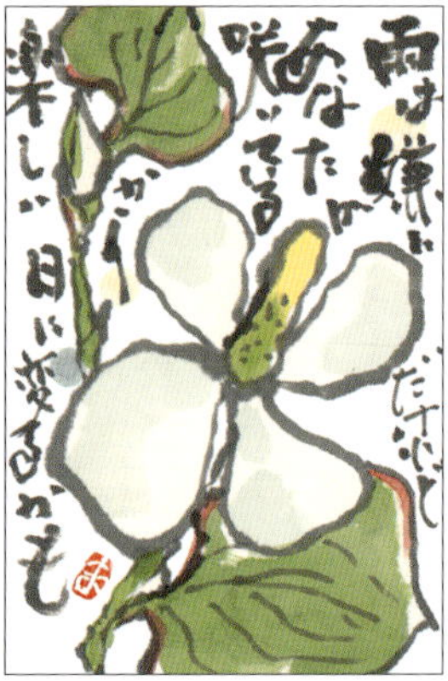

松本正子

柳井弥栄子

菜の花

花ことば　快活さ

絵が失敗したなと二枚目描いてみる。ところが最初に描いた方がいい。形ではない。感動が絵を描かせることを証明している。菜の花描いて実験してみたら？

・あこがれの。

・いちめんの菜の花畑。摘み草が楽しいわね。

・おいしい春の味でした。房総の菜の花、おひたしで食べました。

・お花とひなたぼっこ。

・母さん、子供を育てて本当のかあさんのやさしさと強さを知った。菜の花のようなかあさん。いっぱい、いっぱいありがとう。

・風に乗って春がくる。

・かわす笑顔に花が咲く。

・黄色い菜の花。ドーンと春だ。

・今日は日差しがやわらかく、ポッカと暖かい一日でした。

・今日はポカポカひなたぼっこ。

・子供のころ、よく歌いました。

・心と心のホットライン。

・心の中に菜の花を一面に咲かせる。

・咲きました。春を呼ぶ花。

・自分らしくキラッと生きる。

・そろそろおひな様飾ろうか。

・蕾がひとつ、またひとつ、春をひらく。

・童謡そのままの菜の花畑。私は真っ黄色。

・遠い友の春だより。

岡　悦子

・出逢いをありがとう。

・菜の花のつづく道。

・菜の花の向こうに見える思い出が好き。

・菜の花のまわりの風が、ほら見てごらん、黄金色に輝いている。

・菜の花は遠い母の匂い。

・菜の花畑、オニゴッコ、なつかしいねぇ。あなたとの思い出。

・春はいつくるのかな。

・春の香り、風にのって。

・春をつげる菜の花、心もうきうき笑顔になる。

・ふとんに太陽がいっぱい。

・房総ではもうみつばちがたわむれている。

・房総はすっかり春でした。

・ポッと一輪ほころんで、天高くひばりの声。

・ほのかに春のにおい。

・待ちに待った春。

・やさしい春を見つけた。出かけましょう。

石原冨美子

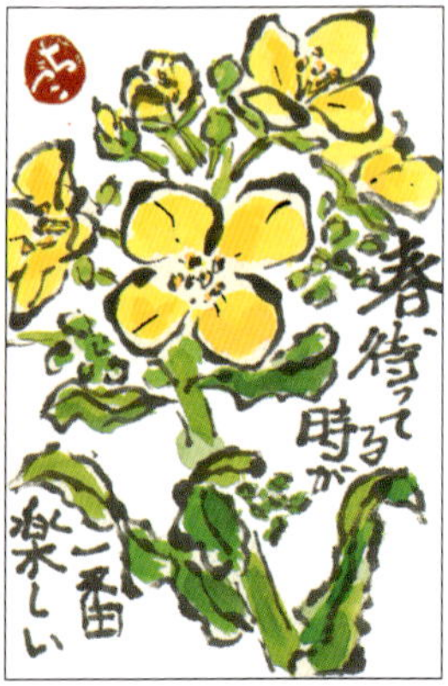

塚本千鶴子

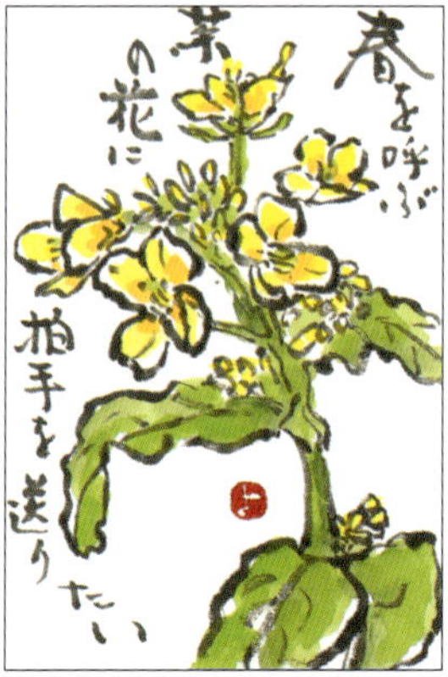

岡崎良子

賀門信子

夏スイセン　岡　勝子

ナスの花　井本雅之

ナンバンギセル　江尻千鶴子

ナデシコ　木船周子

ナデシコ　福永恵子

ナズナ　・並んだハートは私たちへの応援歌。

ナスの花　・育てる楽しさを教えてくれた。

夏スイセン　・自分の花を咲かせています。

ナデシコ　・さわやかな秋の花。

・白色から薄いピンク色に、そして濃いピンクへと七変化。

・大和撫子だって、無理だね。

ナナカマド　・秋の実は紅くつやつやと花よりあざやかです。

南天　・ひと粒、ふた粒、出会いが実る。

ナンバンギセル　・遊びと本気を混ぜている。

ニゲラ　・今日は久し振りの雨。

日日草　・夏本番。元気ですネ。

新高梨の花　・はじめまして、私が新高梨。
秋には大きく変身して出てきます。

日日草　山本智都子

日日草　貞森朋子

日日草　武田由紀子

新高梨の花　小福田佐知恵

ニゲラ　中塚生子

ニゲラ　平井賀弓

ネジバナ　奥山佐和子

ネギの花　菅野寿美子

ネギの花　寺尾芙美子

ネギの花　　北　忍

二輪草　・沢のほとりでよりそって。

ヌマトラノオ　・宇宙までつづいているのなら、登ってみたい花の階段。

猫柳　・希望という言葉のあたたかさ。

・銀のふとんに包まれて、体はほかほか心もほっかほか。

・こんな小さな私達にも息を吹き込んで
下さりありがとう。

・不思議な銀の輝き。

・冬をぬぐ。

・柔らかな心でいたいね。

猫柳　　宇川澄子

ネギの花　・雨の一日、ほっとひと休み。

ネジバナ　・人生を見ているようなネジバナ。
くねくねと表と裏をめぐりながら頂上へ。

・ネジバナもまっすぐ伸びる。

ネムの木　・ねんねのネムの木、ねむりの木。繊細な美しさに感動。

・夜、葉を閉じ合わせ眠っているように見えるネムの木の花。

・私の中で眠っているもの、出ておいで。

ノギク　　　　　・出会いも、別れも、小さな草花にもドラマがある。

ノコギリソウ　　・絵手紙の話は種が切れません。

ノコンギク　　　・秋の空にまっすぐ咲きました。

ノーゼンカズラ　・朝の散歩でひろってきました。

・今日はちょっと疲れました。早めに寝ます。

・猛暑にめげず、頑張ろう。

ノボタン　　　　・散っても又咲く、咲くために散る。

ノボリギク　　　・雪が少し降り積もった。顔を出してる強い野の花はノボリギク。

ノコンギク 塩崎三千子

ノギク　　　　矢部百合子

ノコギリソウ　井上美代子

ノーゼンカズラ　中野美鶴

ノーゼンカズラ
小川八重子

ノコンギク　　　　高杉邦子

ハイビスカス

花ことば　繊細な美しさ

暑中見舞に使いたくなるようなハイビスカス。
暑さ吹き飛ばすような言葉を添えたいね。

- 青空に向かって深呼吸。
- 朝咲いていました。
- 暑さに負けない。
- 描いていると暑さを忘れます。
- 駆けていく夏。
- 灼熱。
- 情熱的に訴える花。あなたに捧げます。
- 大暑を迎え、夏真盛り。
- 遠くから盆踊りの太鼓の音が風に揺れて、さざ波のよう。
- 真夏の太陽も好きになりそうよ。
- 燃えて生きられる、絵手紙あるから。

林　清子

小林幸子

山本清子

バイモ	・中はどうなっているんだろ。
ハギ	・遠い記憶、萩柄が涼しげだった母の夏帯。
	・よろこばれるよろこび。萩が出番を待っています。
葉ゲイトウ	・鎌倉で石仏に供えられていた葉ゲイトウ。印象深く。
	・ふえたよ、燃えたよ、なつはいく。
パッションフルーツ	・パッションフルーツに花が咲いた。 これに実がつくのかしら。
花オクラ	・食べるのもったいない。
ハナスベリヒユ	・どの色もなんてかわいいんでしょ。ステキ。
ハハコグサ	・お母さんを見つけた。
	・草だって母子は肩寄せ合い生きている。

花オクラ　在本竹子

ハナスベリヒユ　田中省子

バイモ　久保悦子

バイモ　大森節子

ハス

花ことば 沈着・休養

描きたくなったらまず写生してみよう。「生命を写すこと」
これが本当の写生だよ。ハスも汚泥の中から生命いっぱいに咲いている。

・朝露、静寂。
・古代から連綿とつたわる大賀はす。
・古代蓮に天平の昔をおもふ。
・人生ちょっと振り返る蓮の池。
・静かで気高い品格。
・天に向かって。
・泥の中でも美しく咲く。
・蓮の花から実のおくりもの。
・ピンクのベールにつつまれて。
・ビロードのような蓮の実（はすの実）。
・ぽんと鳴る音。聞きたくて不忍池ひとめぐり。
・水辺の涼しさ、どうぞゆっくり、ご静養なさって下さい。
・もし生まれかわれたなら、私は蓮になりたい（はすの実）。

糸島喜代子

大賀ハス　高山智子

池田茂子

ハスの実　中原澪子

ハナミズキ

花ことば　公平にする

お手本は実物。じっと見つめて感じたままにかけば自分味。
ハナミズキも喜んでくれるよ。

・風にゆれながら、春を追う。

・花を描いているとやさしい気持ちになってくる。

・花開く花水木の姿。がんばれと声かけたい。

・庭に花嫁立つ。

・人の顔にも見える花水木、花の心がわかるように。

・明治45年にアメリカから来たんだって。アメリカに桜を寄贈したお返しとして。

・真っ赤に実った花水木。小鳥を呼んで旅に出る（ハナミズキの実）。

・わが町自慢の花水木、並木道にいま満開、美しい色を見せて。

本郷美三子

福田詠子

ハナミズキの実　小山すまえ

寺尾芙美子

岩城恵里

松野智江子

パフィオ　有地郁子

葉ボタン	・明るい心は明るい言葉から、 幸せことばから。
	・心おきなく春を迎えよう。
	・楽しい道草。
	・華やかでおしゃれさんね。
パフィオ	・大きな器がいい。何でも入るから。
ハボニア	・新鮮な目で見ている。この花の不思議さを。
ハマエンドウ	・潮風をさけるように砂にはいつくばって生きている。 息をひそめて生きている。
	・潮風がとても好きなのです。
ハマギク	・海岸に自生している花。私の庭にもたくさん咲いています。

ハマナス　・知床に咲くというハマナスがわが家に咲いて、もう初夏。
　・晩秋、みんな夕焼け色に染まって（実）。

ハマユウ　・知床に咲くというハマナスがわが家に咲いて、もう初夏。

ハルジオン　・北米大陸からやって来たという。誰にでも故郷はある。
　・野の草花はどんなに強風に吹かれようとも大地にしっかり立っている、知らん顔して。今日のウォーキングで一本頂いてきた。

ハルシャギク　・あっちっち。灼熱の太陽。

ハルヒメジオン　・一年中咲いて野で花火打上げてる。
　・バレンタインデーに咲いた。

ハンカチの木　・涙が落ちるのを待っている花。

ハンゲショウ　・涼を呼ぶ半夏生。

ハマナス　本多千晶

ハマユウ　久保悦子

ハルシャギク　乙蔵美智子

ハンゲショウ　磯山美恵子

ハンゲショウ　諏訪富子

バラ

花ことば　愛・美

美しい花の代表はバラかな？　ときめく心をドキッとさせる言葉で入れると、生き生きしたものになると思います。

高杉邦子

・青い高い空、あったかい太陽に笑顔がひろがる。
・あたたかい心。
・明日ひらく。
・あなたのよこ顔もすてきです。
・ありがとうの心、わすれない。
・いつでも美しく咲いていて。
・いつの日か、わが家の庭で咲かせたい。
・今、盛り。
・美しいたたずまいにあこがれ。
・うっとうしい梅雨空に、お日さま色の花はいかがですか。
・うれしい日。気分は女王様。
・笑顔がいっぱい。
・思いきり紅色。
・描いているとリッチな気分。
・輝いてますかバラのように。
・黄色のバラ一輪を一人占め。
・気にかけてくれる人がいる幸せ。
・気持ちもやわらぐ甘い香り。
・今日という日があってよかった。
・今日も幸せ発信。

渡辺安野

・五月のやさしい風の中。
・心はあつく、あかあかと。
・ことしも庭いっぱいのにおい。
・小春日に一輪咲いた。
・咲かせてみよう、心の花を。
・散歩の途中で見つけました。
・幸せへ一歩、夢へ一歩。
・じっと見つめられたら、ますます紅くなっちゃった。
・好きよ、赤い花。
・すっきりした青空と黄色のバラ。

西崎よりえ

稲家和子

田原花恵

西崎紀久子

山本智都子

岡　逸子

ハ

まぶしいくらいの
あでやかさ

藤井美枝子

咲き乱れし

坂本よし子

花ひらく時を
楽しみに

古谷野啓子

ばら色で
なくてもいい
ひと色
ほしい
私の人生

原田雅子

色よし
香りよし

桑田智子

・やっぱりバラが好き。

・夢に向かってゆっくりと。

・夢、ありがとう。

・よかったね。おめでとう。

・佳き日、おもわず涙。息子より受ける花束が。

・我が家のバラの花が実を結びました。もう秋ですね。

・吾れ大地となって蘇る。

パンジー

花ことば もの思い・心の平和

花の少ない時期に私を描いてと、いつも満開のパンジー。
可憐な中に力強さが感じられるね。

・お、は、よ！　話しかけながら朝晩の水やり、元気でね。
・今日も描いた。かいた絵手紙は気軽に楽しめるもの。
　誰のものでもない自分だけの味。
・寒い間も咲きつづけ。
・元気印、元気色。
・友達になりましょうと春の風。
・花だんの主役。
・パンジーはすみれ色が一番よく似合う。
・春を迎える準備です。パンジーを植えました。
・春を元気に楽しく。
・春がそこここに生まれているよ。
・春、待ってたの。
・パンジーの黄色が春を連れてくる。
・素の私、自由で平和です。

佐藤美津恵

石川慶子

金光菊江

本郷見左子

彼岸花

花ことば 悲しい思い出

今年も又同じ時期にやってきた彼岸花。めぐる季節の喜びを、
絵手紙をしている幸せを、相手と一緒に感じたい。

・赤々と燃える。
・秋のはなび。
・秋の訪れを教えてくれる彼岸花。
・暑い年があろうと涼しかった夏があろうと、確かな足音で秋を運んでくる。
・今、開いているところです。
・風に誘われて。
・季節をよく知ってるね。忘れずに咲くのね。
・この秋も絵手紙の火種かかえて大奔走しています。
・こんなところに彼岸花。
・サァー、丹精こめたあなたの出番ヨ。
・淋しげな花だが、心が和みます。
・夏の日の残り火かしら。
・花が咲くころに決まって出かける墓まいり。
・野の花の色も冴える中秋の頃。
・墓参のあと百花園へ。白い彼岸花を見つけて。

林　清子

羽原幸代

岡　幸子

彼岸花
ホッと
山本智都子

きっと
会える
いつも
の
場所で
賀門信子

夢
開
花
繁森幸子

秋
平松澄子

彼岸花
曼珠沙華
子供の頃は
きつね花
じれず
花
今は
花火
のよう
早瀬好江

ヒマワリ

花ことば あこがれ・熱愛

暑い夏に太陽に向かって咲くひまわり。そのエネルギーをもらって、
相手にもパワーを届けたいね。

・明るく元気に育ってね。

・あつい。あつい日も咲きつづけてくれてありがとう。

・暑さの中でも背すじをシャンと。

・暑いのにげんき「ようおっしゃ」私だって頑張ろう。

・暑くたって、へっちゃら。

・暑くても、ひまわりみたいに元気よく。

・暑さにまけないよ。

・いつも前向き。

・上に向かって。

・おおきな心を。

・お暑うございます。お元気ですか。

・暑くない、夏なんぞ。

・暑さには負けていられない。

・思い出をありがとう。

・踊る夏。

・限りある命、満開、生きている幸せをありがとう。

・風は秋、せみも夏を惜しんで鳴きしきる。

・がんばったぶんだけ、きっといいことがある。

・季節の到来を待ちながら。

・今日もゴッホ。

・元気だそう。

・心に太陽。

徳田信子

伊藤京子

薮本廸子

吉藤　宏

浜口英子

・夏の日照りに負けずに。

・夏の花、まっさかり。

・夏は夏らしく。

・夏バテ知らずの夏。

・何を見つめる。

・励ましを背に受けて。

・はじめての発表会。大好きなひまわりありがとう。

・花はみんな笑ってた。北の国も暑かった。

・花火を見に行こうよ。

・ヒマワリは私の化身。ただあなたを見つめるだけ。

・ひまわりのように明るく元気でいたい。

・向日葵のように笑顔でいたい。

・広い大地と太陽に恋してる。

・ふと気づくと、いつもそばにいてくれる。

・ボーナスでましたか。

・待ちに待った懐妊のニュース。娘夫婦に乾杯。
うれしいね。

・まっすぐに、どこまでものびていくの。

・見てるだけで元気になれる。

・皆様元気で夏をお過ごしですか。

・燃える。

・猛暑、お元気ですか。

・やさしさだけでなく、力強さもほしい。

・野性のひまわり、のびのびいきいきしてます。

・陽光に向かって老いを重ねたい。

・私の大切な友達にありがとう。

・私も元気です。

暑さに負けずに

横枕良子

花を見て元気になれと子を思い

新田ミツコ

あなたに
バトンタッチ

原美恵子

残夏

横山昭美

百日草

花ことば 不在の友を思う

いろんな色の花が咲く百日草。はずむ心、幸せ気分を自分の言葉で表現してみよう。

・あなたの庭からわが家の茶の間に。

・いい思い出にしまって、私の夏もおわります。

・全力を出すことが大切。闘いは普段の中にある。
日常の中にある。

・百日草は百日も持つという。
私もがんばって人生を楽しく。

毎日お花のかんさつ
内から宝物
を探して
多賀久江

梅雨明け
暑さ
一段と身にしみます
日岡知子

咲きつづけ
咲き切った
三尾節子

暑い陽をうけて
咲いていく
鎌田トシ子

今年はとても暑かったのに
毎日楽しみを
ありがとう
来年も咲いてね
山近昭子

夏の終りに
精一杯の
自己主張
古屋恵子

お元気ですか
17.7.20
根岸温子

ピグミーダンサー	・踊ろ、おどろ、みんないっしょに踊ろう。
ヒペリカム	・花は散っても実は残す、赤い実を。
ヒメアオキ	・色付く時はきっと来る。
ヒメオウギ	・花びらの一枚いちまいもみずみずしく華やかに。
ヒヤシンス	・いつも暖かい日差しをあびて美しくいつまでも咲いている。
ヒョウタン	・中に何を入れようか。
	・花によい。酒に酔い。
ヒヨドリジョウゴ	・近所の家の竹にからみついたヒヨドリジョウゴ、ずっとこの実を待っていた。私の心も赤くなった。
ピラカンサ	・この赤い実の誘惑には勝てません。
	・初春描く。三百六十五日、日々新たに。
	・寒さに負けないように。
	・鳥さんにもおすそ分け。
	・私の中に残そう赤い実を。ほころぶことのない赤い実を。

ヒペリカム　松岡和美

枇杷の花　奥山日出子

あなたの
パワーの源
はあなたの
個性だよと
何かの本で
読んだ。
ヒルザキツキミソウ　大森節子

そっと秋
寿
フウセンカズラ　坪井寿子

昼顔	・薄い衣裳で一日限りの熱演です。
	・小寒い日が続いても、初夏は着実にやってくる。
	・ひる顔がゆっくり開く梅雨晴れ間。
	・夕方までヒルガオ開いてる。
ヒルザキツキミソウ	・花が好き。愛らしい。
枇杷の花	・寒さを信じ、暑さを信じ、実になる。
フウセンカズラ	・風の吹くまま揺れるまま、ぶーらぶら。
フクシャ	・凛と上に向いて咲いている、変わり種のフクシャ。
フォックス・フェイス	・秋の夜長にコンコンギツネ。日本昔話に時を忘れ。
フキタンポポ	・霜柱と背くらべ。
風蝶草	・姿に魅せられ、名前に惚れました。

フキノトウ

花ことば　愛嬌

春が来た喜び運んでくるフキノトウ。この喜び一緒に味わいたい人に送りましょ！

- 暖かくなってきた、そろそろ顔を出すかな。
- いい風吹いて、幸せをはこんできました。
- うきうきわくわく、来た来た春。
- お母さんのかおり、ちょっぴりみそ汁にうかべました。
- 風吹いて春。
- 画材いっぱい楽しい春。
- 固い春です。あたたかな陽を待ってます。
- 如月の半ば、今年こそおひなさまを出そう。
- 今年も蕗のとうが顔を出しました。私も負けずに仕事に頑張ろう。
- 早春の大地の香りをいただきました。
- 大地をゆるがす春の息吹。
- 互いにゆずり合って春を待つ。
- 土の中から恥ずかしそうに春の顔。

日下和子

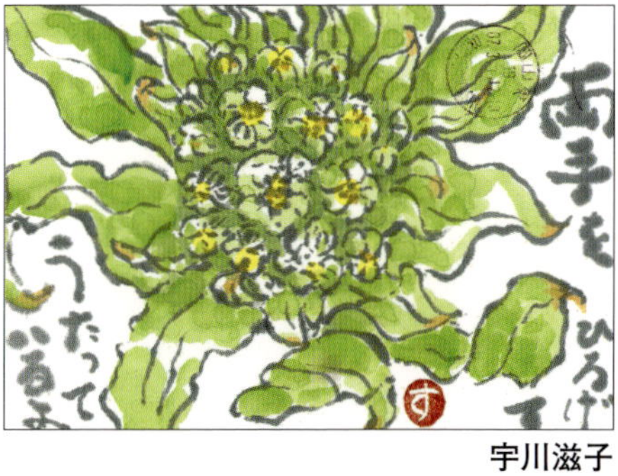

宇川滋子

伊達節子

・春を届けたくておもいっきりグイッ。
・春を見つけました。香りを届けられなくて残念。
・春ですよ。土の中からお目覚め。
・春の味、天ぷら大好き、苦味も味のうち。
・春のかおりを運んできた。
耳を澄ませてごらん。
春の足音聞こえるでしょ。
・春の芽生え。
・春は香りまで運んでくる。
・ふきみその味、なつかしい母の味。
・福がきたうれしい日。
・ふるさとの早春のいぶき。
・桃の節句、うらうらと。
・ほろにがさもふるさとの味。
・夕食のたのしみ。
・雪がとけたら春になる。

陸　順子

福寿草

花ことば　回想・思い出・幸せ招く

福寿草なんだか見ているだけで福がやってきそう。あの人にこの福をおすそわけしよう。そう思ってかくと、もらった人も幸せ気分になるよ。

・いいことを考えると、いいことが起きる。福がやってくる。
・咲いたのを見るだけで福がやってくる気がするね。
・しあわせありますように。
・ちょこんと顔出し咲きました。
　「幸せ招く」の花言葉。
・又、春を見つけちゃいました。
・春のあしおとが聞こえます。
・みんなみんないい春を。
・立春すぎて、やっと咲き。

大森節子

福寿草（秩父紅）　　大森節子

フジ　・上を向いて歩こう。あなたといっしょに。
・牛島は藤紫に染まって。
・花たくさん、顔いろいろの初夏。
・晴天、歓喜。
・藤の花のさわやかな風をお届けいたします。

フジウツギ　・心のダイエットしましょ。ひらめきの感じ方がよくなるかもよ。

ブタン　・黄色い花の道。車で通り過ぎる。

ブバルディア　・心はいつも元気、いつも楽しい。

フヨウ　・あさは純白のドレス、午後はピンクでほろ酔い気分。
・垣根でゆらゆら、まもなく台風が来るそうな。
・今日も朝から夏の空だ。
・昨日のつぼみが今朝開いた。また新しい気持ちで花に向かっている。

フジ　広瀬かおり

フヨウ　岡崎よりえ

フジ　横枕良子

フリージア

花ことば　慈愛・親愛の情

いつも描いてみたいと思えるフリージア。
その描きたい気持ちが、訴えてくる絵になる。言葉も生きてくる。

- 暖かでうれしくて、そうじ洗濯草むしり、おおいに働きました。
- 甘酸っぱい春の香り届きますように。風が強く、まだ寒いのでご自愛下さい。
- 一段上がるごとに春が咲く。
- さわやかな風にゆれて、ゆらゆら。
- 清楚。
- 部屋に香りが満ちている。

新入生
ハイ
ならんで!!
す
宇川澄子

魔法の
ごとく
次から
次へと
花開く
み
岸みさ子

待ち
どうしい
春
福田詠子

プリムラマラコイデス　山近貞子

プリムラ	・ちいさな鉢にはるの風。
	・花は色、人は心。
	・春近し。花開く。
	・春を買ってきました。小さな赤い春を。
プリムラマラコイデス	・小さな庭でも次からつぎに花が咲いて。
ブルークローバー	・春らしい暖かい一日、心ウキウキ、空は青く美しい。
フロックス	・ガンバレ！　小さな花。暑さにまけずに咲いてくれた。
ブロッコリーの花	・菜の花のようですが、実はブロッコリーの花ですとさ。
ヘクソカズラ	・しっかり助け合って生きてるね。
	・我家の庭は雑草ばかりで元気が良くて。
ベゴニア	・美しいものに出会うと心が動く、心が生き返る。
	・おじいさんの家のベゴニア見にゆきたいなぁ。
	・毎日が新しい一日。
ヘチマ	・暑い日なかにへちまの花の黄色。目にしみる。
ベニサンザシ	・今したいこと、体のダイエット、暮らしのダイエット、心のダイエット。
紅花	・油にするだけではない、染色だって出来る花。
	・いい色に染まりました。
	・紅花を描くと華やかになります。今日は夏至です。
	・便りは心のプレゼント。

ベルガモ　・花火のような赤い花。夏の花は強いなァー。

ペンペン草　・道草の常連です。

ベンケイカズラ　・感動が手を動かす。手がかくのではなく、人間がかく。

ポインセチア　・あしたに向かって。

・熱い心に包まれたクリスマス。

・描かずにはいられないメリークリスマスのお楽しみ。

・サンタさん、魔法の杖がほしいわ。

・パーティしよう。

・ハートも赤く寄りそって、夢をプレゼントして下さいね。

・燃えろ、燃えて。

ヘクソカズラ　熊原三枝

ベゴニア　松野智江子

ベゴニア　中西知子

紅花　村嶋康子

ホオズキ

花ことば たよりない・半信半疑

絵手紙のモットーは「ヘタがいいヘタがいい」子どもになってかくと、
自分らしさが出てくるよ。ホオズキは子どもの頃から好きだったなあ。

大森節子

・愛情につつまれ育つ。
・秋のドレスをまとい。
・秋いっぱいのふうせんが飛んできた。
・新しい出会いに夢のせて。
・今でもかわいい赤。
・今でも上手に鳴らせますか。
・おおきな思い出。
・お元気で。
・幼い頃がなつかしい。
・お姉さんが育てたぬくもりの色。
・お盆には帰っておいで。
・枯れても心はいつまでも赤あかと。
・形はいろいろ、それでも仲間。
・キュッキュッと鳴らせる？
・心の中までまっ赤っか。
・木枯らしやんで夜。
・三年ごしのほおずき。
・童心連れてやってくる。
・年に関係なく鳴らしてみたいもの。
・仲良し。
・夏の名残り。

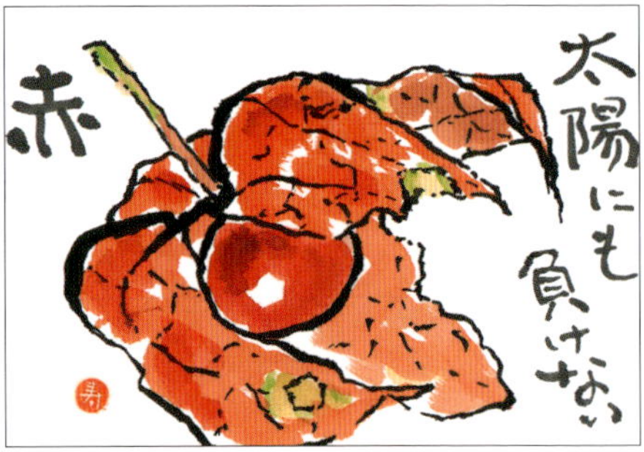

菅野寿美子

林　清子

・庭の隅で揺れる妖精たちの赤いランプ。

・ほおずきの朱色は幼いころを思い出す。

・見るたびに幼い頃を思い出す。

・昔なつかしい遊びを思い出します。

・夢中になれる。

・もう一日、又。

・ゆっくり枯れます。

ホウチャクソウ　・生活はシンプルに、そして魂は豊かに。

・ただ咲くだけ。うつむいて咲くだけ。

ボケ　・笑顔満開。

・そこまで来てる。

・春を待ってる、今が好き。

・木瓜をかいて呆けを感じる頃。

・みて、見て。

・門の傍のボケの花、真っ盛り。

穂ジソ　・さわやかさ運んでくれる。

ボケ　村嶋康子

ボケ　藤村由利子

ホタルブクロ

花ことば 安定・正義・忠実

ホタルブクロのこと連想していると、光る言葉が出てきそう。
言葉が光るって魅力的。

・袋の中には幸せがいっぱい。幸せの袋あなたにあげる。
・袋の中も磨いて美しく。
・袋の中は春色いっぱい入ってる。
・袋の中は磨いて美しく、宝をつめこんで。
・ホタルが入って輝いたら、お花のデンキと娘。
そうなったらうれしいね。
・蛍もいなくなったけれど、花を咲かせて待っている。
・蛍こい、早く来い。
・真正面から向かう。にげない、よけない、やれるだけやればよい。
・道行く人に季節をしらせてくれる。ほたるぶくろ。

溝手澄子

今村美鈴

河田郁子

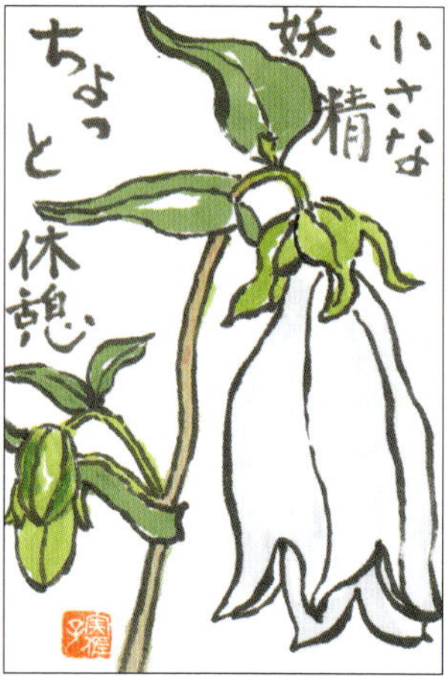

岸みさ子

ボタン

花ことば　恥じらい・富貴

見ているだけで幸せ気分になってくるボタン。いつも私のそばにいて欲しい。絵と言葉でそれを表現できる趣味最高ね。

・幾つもの花をつけて今年もやってきた。まるで幸せ配りをするように。

・うつくしく花が咲きました。二人で並んで咲いた、咲いたと喜びましたね。
今年もとってもきれいですよ。母さん、今どこで見ているの。
そこからよく見えますか。

・この大きな微笑のように、私も香りたい。

・自分の人生は自分次第。

・華やかさの蔭には、見えない努力がありますね。

・ボタンの花に誘われて、ひとり旅に出てゆきたい。

・三日のあいだ。ただながめていた。描けなかった。

・雪の牡丹は優雅に。

・夢見る力のあるかぎり。

・わらに囲まれて新しい出合いを精一杯咲いている。

田原花恵

春こそ
ステキね

石原冨美子

いのち誕生
子から孫へ
バトンタッチ
次の世代へ
未来
託すよ

河田泰江

艶やか

平岡和代

ホ

満開
美しさ

大森節子

この
寛容

山本智都子

ホテイアオイ	・いい文章は音の響き具合が美しい。
ホトケノザ	・ふまれてもふまれても、くじけない。
ホトトギス	・主人の全快を信じて待ちます。
ポプラ	・ポプラの上に十六夜の月。
ポリアンサ	・花の元気もらったよ。

ホトケノザ　佐藤常子

ホトトギス　上岡道子

ホトトギス　徳田千恵子

ホテイアオイ　三宅晶子

ホテイアオイ　久由紀子

ポリアンサ　石原冨美子

ポピー

花ことば 七色の恋・なぐさめ

心はずんで、心躍って、筆も躍って、ポピーをかいて相手に送れば
相手の心も躍る。絵手紙って本当にいいもんだなあ！

- あたたかくなったら、風が吹いても花はふくらんで開いてしまう。
- あなた大好き。
- いつもの母が着物に変身。なぜか品が出る。歩き方まで内股になるの。そんな母が好き。
- 折り紙を開いたよう。
- おのがこころぞ、花は咲きける。
- 母さん、親孝行するまで、長生きしてね。
- 母さん、天国の住所教えて。
- 母さんに夢でも逢いたい。
- 風吹くまま。

本多千晶

・紙細工のような花びらを大きく広げて咲いてます。
・君が「ポピーが好き」と言ったから、今日がポピーの記念日。
・気持ち集中すると何もきこえない。
・今日は暖かいよ。日和ぼっこしたいよ。
・五月の光の中に。
・五月の光を吸って風と遊ぶ。
・心うきうき。
・咲くよろこび、描く楽しさ。
・全部咲きます（蕾）。
・つぼみが一気にひらいた。
・出会いはいつも新鮮。
・どんなときも暖かく見守り、励ましてくれた母さんのまなざし、
大空に仰いでありがとうと心で叫ぶ。
・花の精がほほ笑んで。
・華やかなポピーの色に心はなやぐ。
・春の光先取り。しあわせも先取りできたらいいのにな。
・春休み中、子供たちワイワイガヤガヤと。
・春らんまん。
・美容院の帰り道でお花をかった。心が弱っていたから。
・ひらけ、夢。
・房総への旅、たのしかった。
・ほほえみを忘れないあなたへ。
・目の前にきれいな道が広がった。信じていたから、念じていたから。
・夢ひらかせよう。一年のスタート。

石原冨美子

渡辺洋子

マーガレット　・小さな自分から大きな自分に。私の願いです。
・花はどれも異なり、どれも同じでない色香。
・マーガレットの花は少女の頃の思い出。

マツカサ　・台風一過、松毬落ちて猛暑到来。
・小さな秋、拾ったよ。
・ばらのようなまつかさ。自然の造型の力におどろきました。
・ぽっくりカラコロ、おめでとう。
・ポックリ、ポックリ、ゆっくり、ゆっくり。
・松ぼっくりと背すじを伸ばした自分がある。

松葉ボタン　・朝咲いていても夜にしぼんでしまうので大変だった。

マツモトセンノウ　・静寂にひたって、心にやすらぎを。
・ほんとに野山で咲いてるのかなあ。こんどは野山で
会いたいなあ。

マユハケオモト　・産まれた国はどこですか。

マユミ　・弾ける。ハジケル。

マリーゴールド　・朝いちばん。さわやかな声の便り。
・一隅を賑やかに。

マリーゴールド
京尾和子

マリーゴールド
岡崎清枝

マリーゴールド　槇矢啓子

マンサク	・忙しい時、こんな手があったらいいね。
	・群舞で春を彩る、楽しい仲間。
	・花は目と心のごちそうですね。
万両	・不景気飛ばして、万両さん。
ミカンの花	・山の斜面に咲く花を、思い出しています。
水芭蕉	・感激、かんげき、カンゲキ。水芭蕉の群生。見た、見た。
	・女優よりも輝いてる。
ミゾソバ	・あなたは昔の友に似ています。 おとなしいけど存在感のある。

ミゾソバ　水内淳子

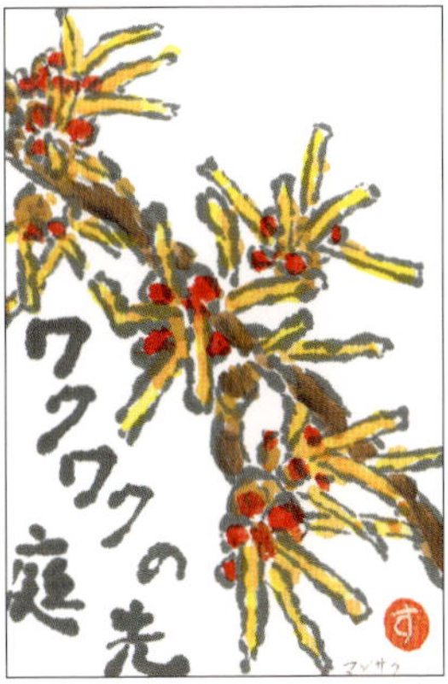

マンサク（アテツマンサク）
宇川澄子

マユハケオモト
糸島喜代子

ミカンの花　赤西恵美子

マユミ　上田八枝子

マユミ　安藤政子

ミヤコワスレ　宮崎冨代

麦センノウ　牧野佐代子

ミヤコワスレ　野崎真佐子

ミョウガ　佐々木延子

ミツマタ　・紙の原料とはとても思えない色と香りをもってきてくれました。今日、まさに私の春。

ミニバラ　・つぼみをいっぱいつけて、明日も咲くよ。

ミツバツツジ　・自然とふれ合い人とふれ合う。
こんなにいいものありました。

ミヤコワスレ　・古代紫の衣まとい。
・冬の寒さをのりこえ、花開く都わすれに耐えることを学びました。

ミヤマハンショウヅル・山の花が打ちならす鐘の音がきこえそう。

ミョウガ　・夏の主役。

麦センノウ　・五月の風にゆらりゆらり。

ムクゲ

花ことば　尊敬・柔和

太陽を浴びて満足のムクゲ。「私にもその元気下さいな」と話しかけながら描くと、生き生きの絵手紙になりそう。

・暑さに負けず、咲いてます。
・一日だけを咲く、一日だけを生きる。
・一日を精一杯。
・一生懸命が好きです。
・夏に負けじと咲くむくげ。
・自分を出して自分育てをしましょぅ。
　美しい花が咲くように。
・花は大地からのプレゼント。
・炎天下に一人、涼しさを装うむくげ。

入江恵子

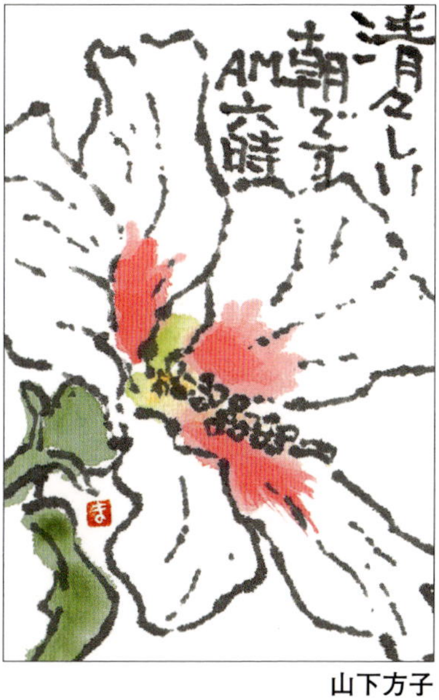

山下方子

三村弘子

ムスカリ	・梢の上のざわめき。
	・小さいものを少しずつ少しずつ積み重ねて、いい人生を。
	・春があふれだしてきそうです。
ムベ	・目覚まし時計は、雨の音。
ムラサキシキブ	・爽やかな秋の訪れ。お元気でいらっしゃいますか。
	・自然は魔法の染色家。
ムラサキツユクサ	・蕾がふくらむ、心もふくらむ。
メヒシバ	・草紅葉、みいつけた。

ムスカリ　白石美佐子

ムベ　中山敏子

ムスカリ　香川芙紗子

ムラサキシキブ　赤澤玉恵

ムラサキツユクサ　森　綾子

モクレン

花ことば　自然の愛

絵手紙は相手とのキャッチボール。気の合った人とのやりとりで刺激し合い、言葉も磨かれて、自分も磨かれて…。いいことだらけ。
今日咲いたモクレンあの人に届けたよ。

・貴方の植えたもくれんが今年も咲きました。見守っていて下さいね。
・一気咲き、青い空がほしい。
・一日を精いっぱい。
・一斉に空を仰ぐ姿にアッパレ、気分スカット。
・雨滴がとても美しくひかっていました。
・風は木々の香りを運んでくれる。
・季節はめぐる。咲いたり散ったり。
・今年も咲きました。母さんの好きだった花。この色、
いつも着ていた絞りの羽織のいろ。

山本弘子

石原宏美

・なんとステキないろよ。あなたにひとめぼれ。
・自分をアピール、力いっぱい。
・ハラリと散った。又来年会いましょう。
・春だから咲きたい。
・春の空に向かって。
・パワーをもらう。
・ひっそりと華やかに咲き初めました。

金光和子

石井滋子

林　清子

モミジアオイ　・一緒に燃えよう。夏の暑さをもらって。
桃　・やさしく、かわいく、大きくなあれ。

桃　落合英子

モミジアオイ　山近昭子

モミジアオイ　山本弘子

ヤグルマソウ　・描きたいものを描きたいように感じたままにかく。
この快感味わいたくて。

ヤツデ　・春の淡雪。
・若葉がまぶしい。

柳　・かぜとあそんで。

ヤブカンゾウ　・今日だけ十二単衣の花嫁さんになった気分で咲く。
・心にしみこんでくるものがかきたいよ。
・たった一日を精いっぱい咲き、潔くとじる。

ヤブツバキ　・あちこちから椿のたより届くけど、越路の椿まだつぼみ。

ヤマアジサイ　・絵手紙はふれ合いへの扉。

ヤマシャクヤク　・楚々とした秘めたうつくしさ。静かに心澄ませて
感じていたいのです。

ヤグルマソウ　大森節子

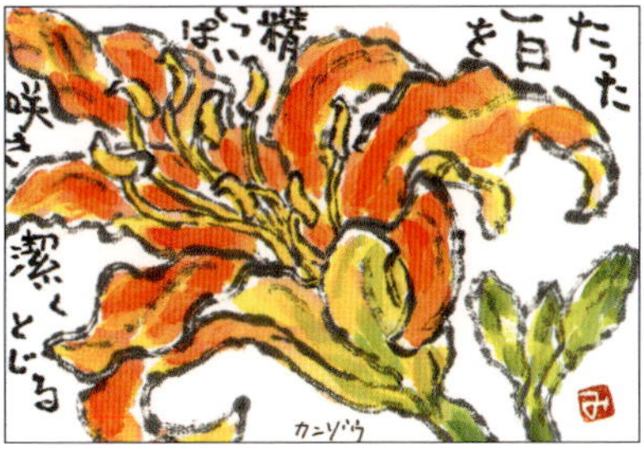

ヤブカンゾウ　中村瑞江

ヤマアジサイ　有森寿子

ヤブカンゾウ　今村美鈴

山吹き　馬場督子

雪割草　大森節子

ヨウシュヤマゴボウ
国清香苗

山吹き	・金色に輝いて。
ヤマボウシ	・疲れはてていた山法師が元気を取り戻して。
	・天に向かって飛び立ちそう。
	・不思議な魅力で迫ってくる。その花の色。
	・ヤマボウシの実が赤くなってきました。初めての実なので飽かずながめてさわっています。
ユキモチソウ	・今庭は花ざかり。ユキモチソウは地味でも存在感は抜群よ。
ユキヤナギ	・まるでここだけに小雪が舞い降りたようです。
雪割草	・かれんな雪の中で育まれる。
	・寒い冬から暖かい春がきたよと心がおどっている。
	・春、夢をかたりて雪割草。
	・春の光をあびて、やさしさ運んできた。
ヨウシュヤマゴボウ	・秋が化粧していちばんきれいだよ。
	・どこにでも咲いて実る。そんな生きかたしています。
四つ葉のクローバー	・歩いてみつける。

ユリ

花ことば 威厳・純潔・無垢

わぁ！　美しいユリ！　この感動が絵手紙をかく力になる。
自分だけの個性があふれ出す。

湯浅英子

田中省子

・頭をこんなに下げてしまいました。
・歩く姿はユリの花。
・あなたが好きだと言っていた香りをお届け。
・雨に似合うんです。
・あるがまま。
・あるく姿は。
・一緒に引っ越してきたゆりが咲きました。
・大きくのびのび育てよ。
・香りはこんできた。梅雨の晴れ間に。
・香りで気分をリフレッシュ。
・今日の日を美しく咲ききそう。
・この三日間、私の夏休み。
・昨日一輪、今日は二輪。
・幸せさがしたら、あなたに出逢えた。
・隅の光のなか、今を美しく
咲き誇っている。
・二度とない人生だから、今を大切に。
・ハッとする美しさに感動。今日は何回、感動することがあるかな。
・花の生命力が私に元気をくれる。
・はきだすものをはきだせ。ここからはじまる。何かがはじまる。
・母が百合の花が好きでした。
・ほらっ、みてっ、夢満開。

・また会いましょうね。
・窓から涼風、虫の声。
・みんな精一杯。
・胸をはってね。
・夢ひらく、ありがとう。
・夢も希望もひまんたいでありたいね。
・もうひと花！
・やさしいね。
・ゆりの花言葉、何か知ってますか。
・よく生きること、感じる。
・分かちあいたい。香りもどうぞ。
・全快うれしくて、うれしくて。
・高砂百合って、やさしくってたくましい花です。
・だれも見ていないのに飾らない自分を精一杯見せている（くるまユリ）。
・つゆ時もぱっと明るく。
・努力がむくわれた日。嬉しさも全開。
・夏が来た。ヤッホー。
・野山も庭も花々も。

秋山美津枝

中嶋由紀子

成本和義

熊代清子

橋本睦子

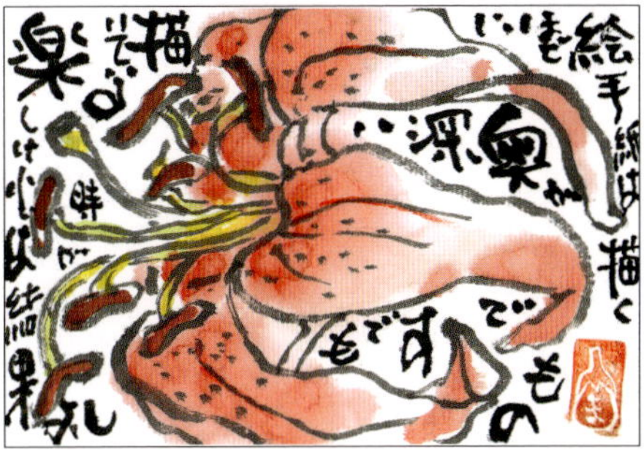

松本正子

大森節子

金光和子

ライラック　・明日はきっと満開。

ラズベリー　・ラズベリー色に小さな心を奮いたたせて、人に何かをしてあげたい。その気持ちが元気の源。

ラナンキュラス　・春が巡り来る。よろこびを感じながら。

ラベンダー　・ラベンダーの咲く梅雨の晴れ間。とても暑くて。

ラン

花ことば 美しい人

ランはお祝いの花にピッタリ！　華やかな言葉も添えて、
気分も上々といきたいね。

・あなたの優雅なたたずまい。私にも分けて下さいませんか。
・一途になって、努力してみようとしたら、神様がふりむいてくれるかもしれない。
・お兄さん、還暦おめでとう。これからも健康で。
・お姉さん、退職おめでとう。これからはちがうすてきな暮らしを。
・自分の花道は自分で作る。
・白いドレスにつつまれ、おめでとう。
・そこに在るだけですばらしい。存在の愛。
・ベランダにしゅんらんの花が咲きました。はっぱのあいだにはずかしそう。
・むかし母の鏡台の引き出しを開けたときの匂いがする。
・レモンの香りの蘭です。鉢のまわりに春のけはいがただよいます。

シンビジュウム　延堂孝子

デンファレ　河田郁子

胡蝶ラン　馬場理子

明かる
さで
ゆっくり
古希の
夢ひろげ

オンシジューム　中西知子

娘から
のプレゼント
その心が
嬉しい

デンファレ　坪井寿子

花
見の
シーズン
到来

デンドロビューム　小橋智子

小さな
花から
溢れる
安らぎ

ランタナ　平松佳子

今
日
この
日

シュンラン　山本和子

ランタナ　・初めて見るランタナ。
・はじめてのランタナの花。

リンドウ

花ことば　貞節・誠実

さわやかさを感じさせてくれるりんどう。これを心をこめてかいて相手に送れば喜んでくれること受け合い。

・ああ、夢焼け、ああ、夢焼け。
・秋色みつけた。
・秋、さわやか、かろやか、まろやか。
・秋の名花。竜胆（りんどう）って読める？
・暑き日に涼しさ呼ぶ。
・ウェディングベルが聞こえてきます。
・美しい手つかずの自然を次世代へ。
・風がすきとおってきましたね。
・高原に秋の風ふきわたる。
・澄んだ青空といっしょに秋がきた。
・せめて一足お先に秋をお届けします。
・空の色にも雲のかたちにも、
　ひそやかに秋が近い。

深まり
行く
秋
この
寂しさ
はなに
加
竹村加代子

気持も秋晴れ
山本洋子

初夏の風
心地いいね
石井滋子

待って
いました
秋の
風
播磨喜子

心を癒す一輪
の秋
06.10.30

犬童冴子

澄んだ
青空
といっしょに
秋がきた

大森節子

実り
の
秋
食欲の
秋となり
ました

実兼喜志子

青空 求めて
伸びる
のかな。
秋ですね

正楽井ちえ子

・花一輪でほっとします。

・花に心癒されてありがとう。今は人生の一休み。

・ほっと秋の色。

・待ちにまった秋冷一息。

・毎日かき続けることができる。そんな絵手紙に出会え幸せです。

・まっすぐに見つめて。

・虫の声をあしらって、秋の色付けいたしましょう。

・リンドウの濃紫は秋色。

・りんどう咲く山路を歩きたい。

・りんりんりんどう、しあわせの色。

琉球ヤナギ　大野美穂子

レンギョウ　小橋智子

ルドベキア　藤井滋子

リョウメンシダ　・雪の中から緑のシダの葉がのぞいてた。

琉球ヤナギ　・好きな言葉「平穏なこころ」。

ルイヨウボタン　・ふれると花びらがパラパラと散った。

ルドベキア　・花びらのドレスで踊ってるみたい。

・ルドベキアの黄色はゴッホの色。

ルリヤナギ　・雨の日も、晴れの日も、じっと待っていた。

待っている間に美しくなった。

レンギョウ　・春の日差しを歓びの中に、いっぱいに受けて。

・春は季節毎にくるけれど、人生は一度、今を生きる。

・私のラッキーカラー。

レンゲ

花ことば 心が柔らぐ・感化

遠い昔レンゲ畑で遊んだ日。そんな幼い頃の思い出が、童心連れてやってくる。絵手紙あればこそ。

・美しく咲いたあとには実をつける。実ははじけて飛んでいく。

・花びらの一枚一枚が踊ってる、思うままに。

・開いた、開いた、蓮華の花が開いた。春の光を浴びて。

・色がいい。姿がいい。あのやさしい花びら、細い茎、いちめんのれんげ畑。
遠い春の日、もう一度。

高橋正美

渡辺公子

福田江里子

古本栄子

ロウバイ

・描きながら気づく、ロウバイはうつむいて咲く花だと。

・寒さの中、静かに咲くろうばいが好き。

・ろう梅の香り凍る日。

ワスレナグサ

・空の青に負けない青さ。

・懐かしい顔を思い出す。父母への感謝。

・庭の片隅に小さな花が一輪、風に揺れています。
「私を忘れないで…」小さな花には精一杯のメッセージ。

・のぼりつめよう。

・わすれない、わすれないで、わすれな草。

ワレモコウ

・秋の野に咲く吾亦紅。

ワタの花

・自然の神秘に感動。

・しなやかに、つややかに、たおやかに、きよらかに、
そしてひめやかに。

・眠れない夜のために、あなたにあげます。
やさしい綿の実を（実）。

ロウバイ　橋本京子

ワタの花　陶山悦子

ワタの花　大森節子

◇編者プロフィール◇

大森　節子

（おおもり　せつこ）

1942年1月　岡山市生まれ。
1991年10月　日本絵手紙協会会長小池邦夫先生に師事。
1998年9月　東京・大崎ウエストギャラリーにて個展「絵手紙自分さがしの旅」を開く。
同時に『絵手紙自分さがしの旅』出版。
引き続き岡山・明日香画廊にて「絵手紙原画展」。
2000年4月　『絵手紙自分さがし花の旅』出版。
5月　東京・大崎ウエストギャラリーにて「同出版記念展」。
6月　丸善岡山シンフォニービル店ギャラリーにて「絵手紙原画展」。
2003年9月　『入門書　絵手紙の小道』出版。
2006年8月　『ことばのヒント 絵手紙365日』出版（日貿出版社）。
現在、日本絵手紙協会評議員・公認講師。

◇編者プロフィール◇

浅沼　明次

（あさぬま　あきつぐ）

1936年　八丈島に生まれる
1954年　東京都文京区京北高校普通科卒業
上場企業営業職を勤める
1975年　国内最大級のレコード販売店石丸電気に入社。
地域の青少年健全育成に努める。
1996年　定年退職
その後、仏寺・並びに戒名の研究に励む。

著書

『恐るべき万引き犯の実態』第一版、第二版		（株）山下書店
『四字戒名・対応篇』	監修　藤井正雄	（株）四季社
『四字戒名・3字目対応篇』	監修　藤井正雄	（株）四季社
『女性のための四字戒名篇』	監修　藤井正雄	（株）四季社

参考文献　すべて日貿出版社刊

絵手紙入門　小池邦夫
はがき入門　日貿出版社編
花の絵手紙入門　尾見七重
絵手紙講座　小池恭子
これからの絵手紙　福間明子
絵手紙33の勉強法　桜井幸子
楽しいあそびの絵手紙　田崎弘子
絵手紙 野の花が好き　田中初子
絵手紙 愛のいずみ　絵手紙いずみの会
自分流絵手紙の楽しみ方　大久保文夫
やさしい言葉のはがき絵　後藤久美子
気ままな絵手紙　上岡ひろ子
絵てがみ一期一会　加藤綾子
絵手紙 200の花束　加藤綾子
ことばのヒント 絵手紙365日　大森節子
絵手紙23人の瞳　絵手紙いずみの会
こころ美人の絵手紙　村松伊奈
自分を励ます絵手紙　岩本光代

絵《え》手《て》紙《がみ》 花《はな》のことば集《しゅう》

●定価はカバーに表示してあります

2008年　2月17日　初版発行
2017年　4月15日　10刷発行

編　者　大森節子《おおもりせつこ》　浅沼明次《あさぬまあきつぐ》
発行者　川内長成
発行所　株式会社日貿出版社
東京都文京区本郷5-2-2　〒113-0033
電話　(03)5805-3303（代表）
FAX　(03)5805-3307
振替　00180-3-18495

印刷・製本　株式会社ワコープラネット
本文レイアウト・カバーデザイン　株式会社沖プラ

ISBN978-4-8170-3670-4　http://www.nichibou.co.jp/